ちくま文庫

東京ひがし案内

森まゆみ

本文イラスト　内澤旬子
地図　川原理子

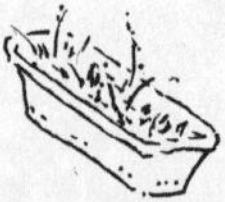

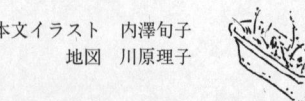

東京ひがし案内

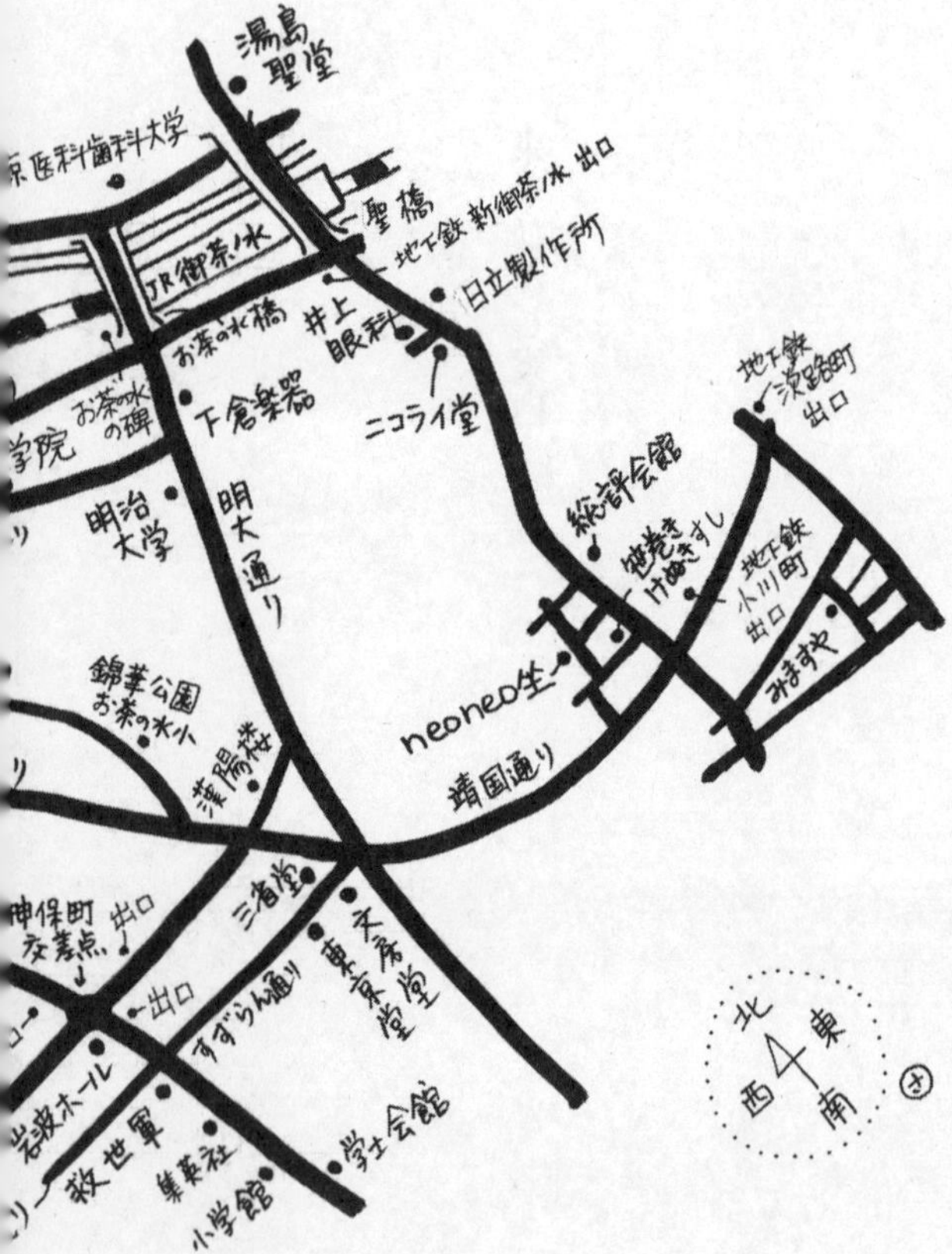
湯島聖堂
京医科歯科大学
聖橋
地下鉄 新御茶ノ水 出口
日立製作所
JR御茶ノ水
お茶の水橋
井上眼科
ニコライ堂
お茶の水の碑
下倉楽器
学院
明治大学
明大通り
地下鉄 淡路町 出口
総評会館
笹巻きけぬきすし
地下鉄 小川町 出口
みますや
neoneo坐
靖国通り
錦華公園 お茶の水小
漢陽楼
三省堂
文房堂
東京堂
神保町交差点
出口
出口
すずらん通り
岩波ホール
救世軍
集英社
小学館
学士会館
北
東
西
南

水道橋・お茶の水・小川町

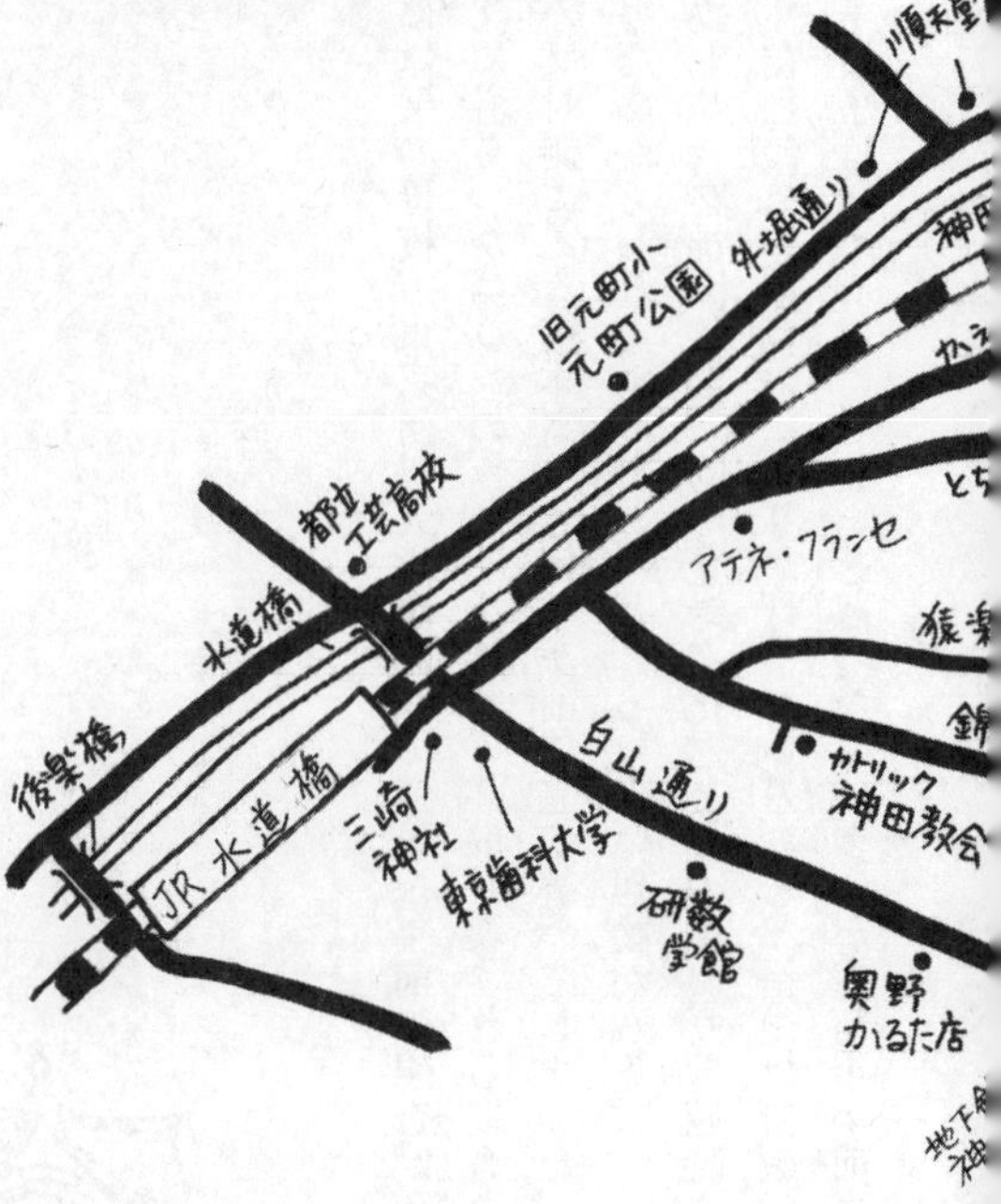
順天堂
外堀通り
旧元町小
元町公園
都立工芸高校
アテネ・フランセ
水道橋
後楽橋
JR水道橋
三崎神社
東京歯科大学
白山通り
カトリック神田教会
研数学館
奥野かるた店

水道橋
ふしぎな三角地帯

水道橋には父の母校、東京歯科大学があり、三十余年前の銀杏が色づく十一月二十三日に、父にもらったニコンのカメラを持って、取り壊される校舎を写しにいった。白山通りの反対側にある東洋高校も何年か前に立て替ってしまった。が、ここは焼けなかった町なのかもしれない。ところどころに古い建物が残る。

一つはカトリック神田教会。国の登録文化財となっており、四時までは見学させてくれるが、夜行ってもきれいに明りが灯っている。もう一つは研数学館。大逆罪で獄死した金子文子はじめ、ここで数学を習った人が多いが、何年か前に閉じてしまい、

東京歯科大学旧校舎

カトリック神田教会

いま別の大学のものとなっているが建物は健在だ。

水道橋という橋は古く、もとは吉祥寺橋といった。多くの大名が中山道から来てこの橋を渡り、三崎神社に無事を感謝したという。

「将軍様のお膝元で生まれ、水道の水で産湯をつかい……」というのは江戸っ子、ことに神田っ子の見栄であった。その水道とは、譜代の臣大久保主水《もんと》がひいた神田上水である。この上水を木の樋で通すといっても、江戸は山あり谷ありの地形、どうするのかと調べてみると、サイフォンの原理を使っていたらしい。神田川の川の上などは樋を渡していたらしく、その場所に碑が立っている。

水道橋に最近行くのは元町公園保存のため。総武線の窓から見える木のこんもり茂った一角。それは震災後、復興計画に依って作られた五十二の小公園の一つ。しかも鉄筋コンクリート造の復興小学校、元町小学校とセットで残る唯一の例である。行ってみるとカスケードという滝を模した二列の階段はじめ、いかにも昭和初期という雰囲気が横溢したすばらしいものだが、管理している文京区には小学校ごと壊してハコモノを建てようという計画があった。

「子どもたちが遊んでも叱られない公園を」という設計者井下清の思いを踏みにじる

ものだ、と住民運動が起こった。日本の公園百選に選ばれたこともあっていまのところ壊されていない。

開園当時は「遠くは富士箱根の連峯より秩父の山々をも一望に収め得る眺望」があったそうで「本市小公園中他に比を見ない」ものだった。

たしかに、子どものころは小学校の屋上からも、遊びにいった友達の家の二階からも、よく富士山が見えたなあ、とかなしくなる。

水道橋から神保町方向へ行く白山通りより右側の街区はかねてよりふしぎだった。道がナナメに走っているのだ。どこを歩いているかすぐわからなくなる。鈴木理生氏の名著『明治生れの町　神田三崎町』（青蛙房）を読んで疑問が氷解。ここに明治のころ三菱が神田レンガ街をつくろうとしたのである。江戸時代、この辺に講武所、つまり幕府の軍事訓練所がおかれていた。明治になってもいったん軍用地となったのだが、それを三菱に、丸の内とセットで払い下げたというわけ。ここの開発計画を担当したのが伊藤為吉。この人の子は舞踊家伊藤道郎、俳優・演出家千田是也、舞台美術家伊藤熹朔、とみな異能の人たち。しかし計画はうまくいかず、ナナメの街区だけいまに残った。いまはビル街だが、その昔、ここには三崎座、東京座、川上座といった芝居小屋も並んでおり、市川左団次や川上音二郎、女優市川九女八などが人気を集めた。

大雪の日、私は長靴でさいかち坂を上った。末の息子が大学の共通一次試験を受けているので気が気でなく、坂上のアテネ・フランセで土本典昭監督のドキュメンタリーを一日見た。濃いピンク色のふしぎな建物。ここも会社勤めをしながら、フランス語を習いに通った、なつかしい建物である。

お茶の水

橋の上から望む神田川

中央線、総武線の御茶ノ水駅は私のいちばん好きな駅である。まずその低さがいい。平家だ。そしてホームで電車を待っていると、外堀の水が足元まで迫り、土手の緑が水に映る。戦争のあと、この土手に暮らす人々を獅子文六が小説『自由学校』に描いたことがあった。ホームから見える「聖橋」は山田守の設計、これも好きな橋の一つである。

そして駅を聖橋口で出て、橋の上から望む風景も見飽きない。左手に湯島聖堂の塀、この景色は江戸の広重が描いたのとさほど変わらない。聖堂へ行ってみよう。孔子を

祀る中国風の建物で、ここも無料で入れるからか、建物のかげのベンチは営業に疲れた会社員の昼寝の場所のようである。かつて、私はここで開かれるフリーマーケットに店を出したり、コンサートを聞いたこともあった。

下の方には斯文会があって、漢文の教室など開いており、都心ではもっとも静寂な場所の一つ。橋の上から目を下に転ずると、東京メトロ丸ノ内線がほんの一分ちょっと地上に出てくる。乗っている時もなかなか気持の明るくなる束の間の地上。

神田川沿いに小さな家がへばりついている。この中の一軒が、かつて私の本を出してくれた晶文社。下に流れる水を見ながら編集会議をするのもなかなかオツなものだった。

その向うに秋葉原の鉄鋲を打った緑色のアーチ橋、そして電気街、いやいまは電脳街のネオンがきらめく。

聖橋から小川町方向に降りていく、日立の大きなビルのある辺りが軍艦山といって、昔の岩崎弥之助邸のあとである。この淡路坂を降りかけるとニコライ堂の丸屋根が見える。ロシア正教会の教えを日本に伝えたニコライ神父を記念する会堂で、設計はロシア人だが、ジョサイア・コンドルが工事監督をつとめた。明治二十四年の完成で国

神田川と聖橋

の重要文化財である。

この辺りはまだ静か、駿河台の坂近くなると、駿台予備学校の校舎がいくつもあり、明治大学もあり、人通りが多い。私は学生の群集する町は苦手だ。カバンごとぶつかってくる。

棲み分けましょう、と思って大通りを横切り、とちの木通りに入るとまた静かになる。どんどん歩くと、文化学院がまさに解体中であった。大正時代に紀州の山持ちでリベラルな考えの持主西村伊作という人が、自分の子女のために理想の学校を作ろうとした。与謝野晶子、石井柏亭、佐藤春夫らが教えたというのだが、戦争に協力せず、国策に沿わないとして戦時中閉鎖を命じられた。この建物も保存をめぐってもめたが、おおかた破壊されてしまった。

これと平行する通りはかえで通りで、池坊お茶の水学院や東京デザイナー学院、アテネ・フランセなどがある。

お茶の水とは、駅前あたりにあった高林寺から出る湧き水を、将軍のお茶用に献上したことに由来する。高林寺は駒込に移ったけれど、交番のところに由来の碑が建っている。神田川はそもそも、徳川家康の命を受け、駿河台を切って伊達《だて》侯が通したもの。当時、駿河台の山はもっと高かったが、これをくずして小川町の低地を埋め立て、武家屋敷にしたのだという。

明治になるとこの一帯は高燥で閑静だというので、岩崎弥太郎、加藤高明、西園寺公望、東大の哲学講師ケーベルらが住んだ。同じ理由で病院も多くでき、順天堂、杏雲堂、井上眼科、浜田産婦人科、瀬川小児科など由緒ある病院が多く営業をつづけている。

樋口一葉は明治二十四年、お茶の水に鉄橋がかかったことを日記に書き留めている。「十三夜」のヒロインお関は、駿河台の婚家から父母の住む上野新坂下まで、人力車でこの橋を渡ったはず。そのころはさぞかし「お茶の水渓谷」といった趣きであったのだろう。

小川町
ドキュメンタリーを見に行く

たまに神田小川町に行く。

それは小川町交差点の裏通りにｎｅｏｎｅｏ坐といって、短編記録映画の小さな映画館が出来たからである。といってもいつ行ってもやっているわけではないし、まるでギャラリーみたいな小さなスペース。清水浩之さんという映画プロデューサーが、珍しいフィルムを探し出してきてみんなに見せてくれる。樋口源一郎監督の粘菌映画だの、龍村仁さんのＮＨＫ時代の作品だの、行って見て損したことはない。

小川町をオガワチョウと読む人がいるが、これはオガワマチ。神田というと明神様

のお祭りに熱狂する町っ子を思い浮かべるが、おおかたは武家地である。駿河台の山を削って埋め立てた御城下の一等地で、江戸の切絵図を見ると大名や旗本の屋敷が並んでいる。

千代田線新御茶ノ水駅の出口を地上へ出ると、かの総評会館の前である。映画を見る前に小腹を満たす場合、「刀削麵荘」で辛いそばを食べる。これが、手打ちではなくて手飛ばしであって、ぐらぐら湯の沸いた鍋の前で、左手に小麦粉をこねたかたまりを持ち、右手で小刀で削っては鍋の中へ飛ばす。これを北京の冬に見て以来、この刀削麵が気に入っている。

もちろん広い坂道をはさんで反対側にある笹巻きけぬきすし総本店に寄って、すしを持ち込むという手もある。が、たいていこの時間になると店はしまっている。

考えてみるとこの小川町は私の人生の出発点といっていいのだ。いつも駿河台下でバスを降りて、ＹＷＣＡのプールで泳ぎ、下倉楽器でピアノや声楽の楽譜を買い、内外地図、文庫川村、ミズノ、ミナミあたりをうろついていたのだし（誰も信じてくれないが、小中学校で私は水泳の選手だった）、エスワイルでケーキを食べたり（現在、春日に移転）、フレーベル館で絵本を買ったりしていたのだから。浅からぬ縁ではあ

みますや

るが、それほど深まりもしない清雅なつきあいを、私はこの町と続けている。

というわけで、映画を見たあとは、讃岐うどんの「野らぼー」やアフガニスタン料理「神田カブール食堂」、錦町の「龍水楼」というのもいいが、やっぱり足はどうしても司町に向かう。これはツカサチョウと読む。

一本裏に明治三十八年創業の「みますや」がある。縄のれんと「どぜう」の赤提灯。ガラリとガラス戸を開けると、正面に神棚、三和土《たたき》には昔風の卓と椅子がある。これだけで、昭和三十年代なのだが、左手の小上りがまた年代もので、壁はいい感じにくすみ、ここにザ・ピーナッツが「お父さん、おかゆができたわよ」と運んでくるんじゃないか（「シャボン玉ホリデー」です。古くてスミマセン）と妄想する。

黒い板に白い字で今日のつまみが書いてある。これを板だれ、というらしい。もうはしから頼みたくなっちゃうが、煮込み、馬刺、青柳のぬた、いか納豆、やながわ……でもあれば上等でしょう。二人では多すぎるくらい。大好きなドキュメンタリーを見て、大好きな店で気のあう友とあれこれ論評する、また楽しからずや。「みますや」はもう百年を超える店、ご盛業万万歳だ。

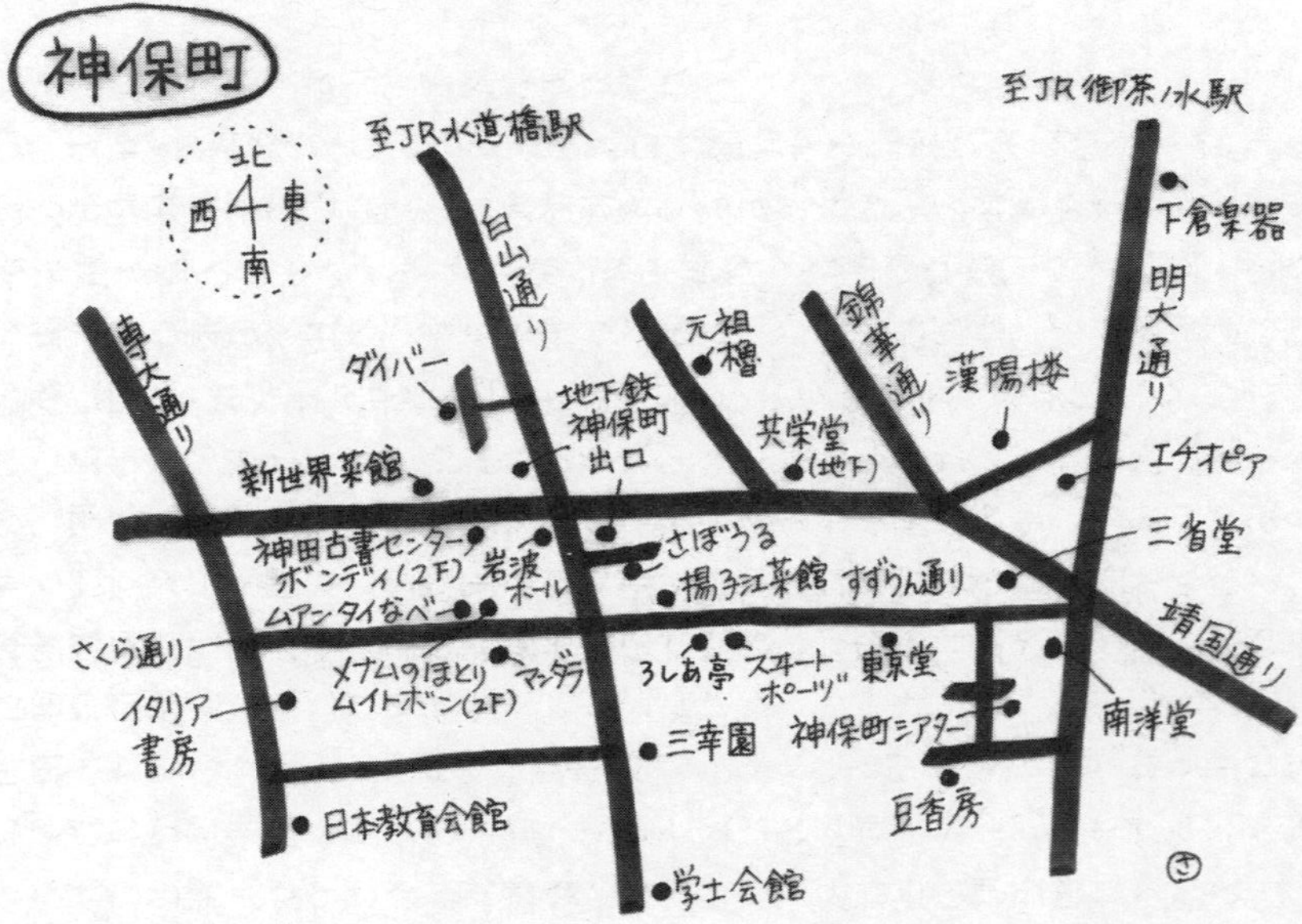

神保町
北
西
東
南
至JR水道橋駅
至JR御茶ノ水駅
下倉楽器
明大通り
白山通り
専大通り
錦華通り
靖国通り
さくら通り
すずらん通り
ダイバー
元祖
櫓
地下鉄
神保町
出口
漢陽楼
共栄堂
(地下)
エチオピア
新世界菜館
三省堂
神田古書センター
ボンディ(2F)
岩波
ホール
さぼうる
揚子江菜館
ムアンタイなべ
メナムのほとり
ムイトボン(2F)
マンダラ
ろしあ亭
スヰートポーヅ
東京堂
イタリア
書房
南洋堂
神保町シアター
三幸園
豆香房
日本教育会館
学士会館

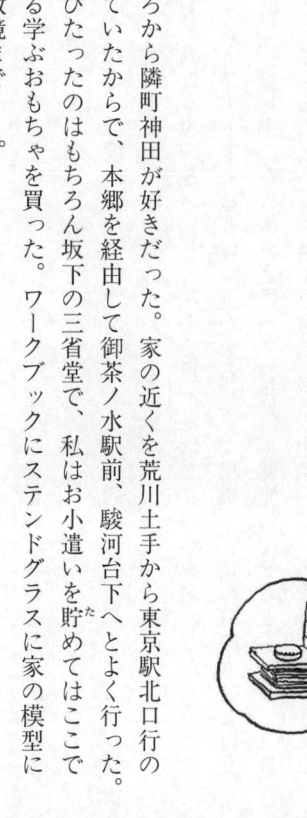

神保町
本とカレーと中華料理

子どものころから隣町神田が好きだった。家の近くを荒川土手から東京駅北口行の都バスが通っていたからで、本郷を経由して御茶ノ水駅前、駿河台下へとよく行った。最初にいりびたったのはもちろん坂下の三省堂で、私はお小遣いを貯《た》めてはここでありとあらゆる学ぶおもちゃを買った。ワークブックにステンドグラスに家の模型に雲形定規に顕微鏡まで……。

中学になると坂の途中のＹＷＣＡのプールに通い、ロザリオを集めたり、楽器屋で楽譜を、古本屋で文庫本を買ったりもした。西洋音楽とかキリスト教というものに触れたのは駿河台から坂下につづく町。この十年、わが住む三田線白山から三つめが神保町、行くのがおっくうでない町である。古書街神保町は私にとっての巨大な書庫のようなものであるし。

神保町付近で目立つのは、何といってもカレー屋と中華料理が多いこと。激戦区もいいとこだ。古書センターの二階のボンディ（洋風カレー）と共栄堂のスマトラカレーを二大巨頭とすれば、岩波ホール裏のマンダラ、小川町のトプカ、エチオピアが新興御三家か。ジョティーや元祖櫓の昼のカレーも人気だ。

なんでカレーが流行《はや》るのかというと、左手で買ったばかりの本を読みながら右手で食べられるファストフードであるという説がある。また出版、書籍の町の人びとは食事時間が不規則で、カレーならご飯さえ炊いておけば、即座に出せるともいう。二日、三日煮込みましたと保ちのよいメニューでもある。四半世紀昔、石津謙介のVANというブランドが一世を風靡したころ「VANカレー」なる店に長蛇の列ができたと聞くが、その店は覚えていない。

中華料理の方は、揚子江菜館、桃園、漢陽楼、新世界菜館、同系列の咸亨酒店から餃子のスヰートポーヅや三幸園、北京亭まで多い。ぶっきらぼうなおばちゃんのいる

文房堂

源興号もおいしかったが店じまい。これはその昔、神田辺に東亜高等予備校があって、日本の高等師範や大学をめざす中国人がここに学び、この近くに下宿していたからしい。たとえば中華人民共和国の首相となった周恩来が一高や高師の試験に落ちて空《むな》しく帰国することになる十九歳の頃、通ったのはいま駿河台下にある漢陽楼だった。ここのセロリそばや夏のひすい冷めんはおいしい。周恩来さんのいた頃は中国映画でよく見るようなぶっかけめし屋だったらしいが。そのほか、ろしあ亭、メナムのほとり、ムイトボンなど、エスニック料理も多くて奥が深い。

神保町といえば靖国通りの一つ南側にあるさくら通り、すずらん通りもいごこちがいい。文房堂の古いビル、東京堂書店の品ぞろえのよさ、内山書店で上海や北京の本を買い、書肆アクセスがあった頃は日本の地方の本を買った。外ばかり歩いて目がまぶしくなると私は薄暗い「さぼうる」でさぼっていちごジュースをのむ。

神田は庶民の暮らす町でもあった。納豆の行商をしながら世話好きで区議となった町人《まちびと》のことを「神田を歩く」という本に書いたら、司町の居酒屋みますやのご主人から「あれは唐辛子の行商だったと思います。大辛、中辛なんて言って売り歩いてましたから」とさっそく電話をいただいた。人のにおいがなつかしい町である。

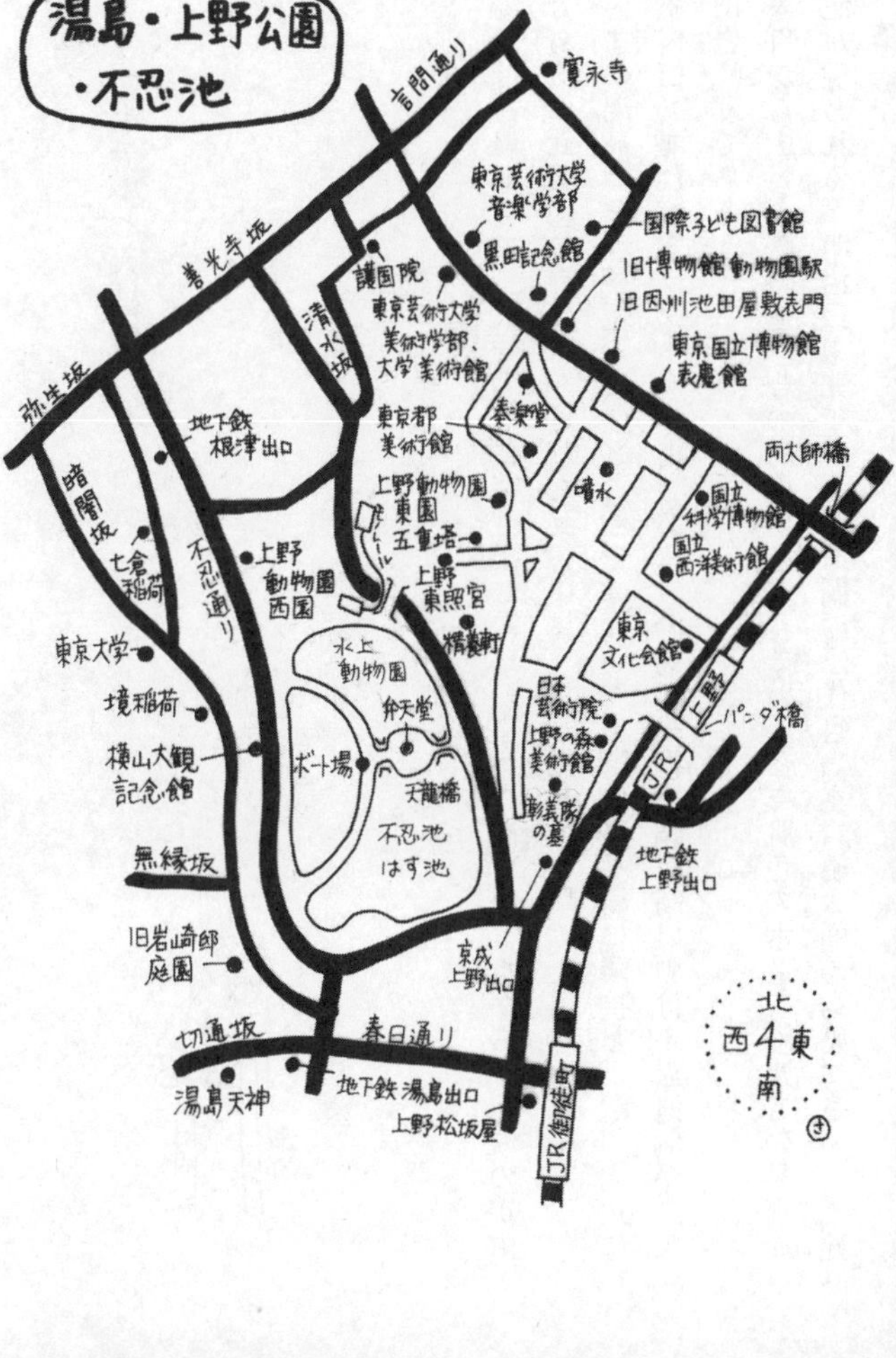
湯島・上野公園・不忍池
寛永寺
言問通り
東京芸術大学音楽学部
国際子ども図書館
黒田記念館
旧博物館動物園駅
旧因州池田屋敷表門
東京国立博物館表慶館
護国院
東京芸術大学美術学部、大学美術館
善光寺坂
清水坂
奏楽堂
弥生坂
地下鉄根津出口
東京都美術館
両大師橋
暗闇坂
上野動物園東園
噴水
国立科学博物館
五重塔
モノレール
七倉稲荷
不忍通り
上野動物園西園
上野東照宮
国立西洋美術館
精養軒
東京大学
水上動物園
東京文化会館
日本芸術院
上野
境稲荷
弁天堂
パンダ橋
上野の森美術館
横山大観記念館
ボート場
JR
天龍橋
彰義隊の墓
不忍池
はす池
地下鉄上野出口
無縁坂
旧岩崎邸庭園
京成上野出口
北
西
東
南
切通坂
春日通り
JR御徒町
湯島天神
地下鉄湯島出口
上野松坂屋

湯島

ラブホテルと天神様

湯島は古い地名で、大昔、海に突き出した島のような高台だったからというのが由緒である。武蔵国分寺に寄進された瓦の中に、江戸湯島郷と彫ったものがある。

いまの湯島はそう風紀のよいところではない。上野の盛り場に隣接し、駅の周辺には風俗街もあれば、ラブホテル街もある。湯島で一番格調が高いのは不忍池側から入る旧岩崎邸であろう。

入口から広い木蔭の道、昔の馬車道を上っていくと、肌色の木造二階建ての見事な洋館が現われる。明治二十九年、三菱財閥の三代目当主岩崎久彌《ひさや》の結婚にさいして建てられた。設計はイギリス人ジョサイア・コンドル、二十五歳で来日したお雇い外国人で、この洋館はジャコビアン様式とかいってかなり折衷的なものである。ヨーロッパのお城ほどけばけばしくもなく、バカでかくもない。落ちついた色の木材と、品のいいタイルと、金唐革紙とよばれる壁紙などで装飾された見応えのある建物で、庭や撞球室も含めて、国の重要文化財になっている。

とはいえ、元々、岩崎家がいたころは壁には絵画が飾られ、調度もすばらしかったであろうが、戦後、GHQに接収され、彼らは女性を連れ込み、調度品をほとんど持ち去ってしまったという。またキャノン機関がおかれていたこともあって、ここで鹿地亘《じわたる》拉致監禁事件が起こったりした。アメリカ軍将校が、この高台からピストルで不忍池の野鳥を撃ったという物騒な話もある。

いまは平和な館であり、女性グループが、ボランティアガイドの説明に、「きれいねー」「すてきねー」と歓声をあげている。その輪をはずれて一人、撞球室のベンチに坐ったり、坪庭の木の影が障子に映るのをぼんやり眺めているとすぐ時がたつ。広い芝生の庭を子どもたちが駆け回るさまを見るもおかし。いまの敷地は元の半分もないのだけれど。

そういえば、三遊亭円朝は江戸天保のころ湯島根性院《こんじょういん》横丁といった、このあたりに生まれたのであった。もちろん、そのころ岩崎邸はない。大きな坂は切通坂といって、私が覚えているのでもピンコロ石とよばれる立方体の敷石が青海波《せいがいは》のような模様に敷かれ、都電が通っていた。なんて考えながらふと見ると、坂下の「大喜」なるラーメン屋にいつも人が並び気になるのだが、私が行くのは、坂の反対側の「シンスケ」である。創業八十年、その昔、岩崎邸へ主人を送り迎えする馭者のたまり場だったと聞くが、いまは紳士の憩いの場で、いくら私でも、だれか男友達とでなければ入る勇気はない。

ここから奥の一角も、古く焼け残った家が多く、かつては美術商木村東介氏経営の羽黒洞もここにあって、ジョン・レノンが来店した話などをうかがったこともあった。なんてことを書くと私ももう古老に近いね。隻手の東介さんは元帥こと木村武雄元建設大臣の実兄であった。その後、店は湯島ハイタウンに移り、いまは丸の内の不忍画廊がそのあとを継いでいる。

路地から湯島天満宮に上ろう。天神様として親しまれる菅原道真公は学問の神様で、受験シーズンには押すな押すなの大群衆、そんな多くの人の望みを叶えることはとう

岩崎邸

ていできないよ、と私が天神様ならさじを投げてしまうのに。

梅の季節も境内は混み合うが、今日はしずかで、訪ね人をさがす「奇縁氷人石」をしみじみと眺めている。石の右の側面に「たつぬるかた」左に「をしふるかた」と書いてある。失踪者をさがすテレビ番組などないころの話である。女坂の下に残る小さな木造家屋はかつて久保田万太郎が住んだはず。

天神様の入口右手に古いレンガ塀があって、こここそ岩崎家の邸が最初にあったところだとか、そこから神田紅梅町に移り、さらに桐野利秋がいた湯島の高台に移った。残念ながら天神様の門前はいまやラブホテル街である。だが私は反対運動には与《くみ》しない。人にはそれぞれ都合と事情があって、ラブホテルがなければ困るという人もいると思うから。

上野公園
美術館は金曜の夜に

「金曜日は夜八時までやってるから東博（東京国立博物館）行って『高野山と空海』見ない？」と娘がいった。

気になる展覧会数々あれど、自身の忙しさとあの混雑を敬遠して行かずじまいである。意を決して六時に正門で待ち合わせた。

皇太子（現・天皇）成婚記念の噴水のあたりでは若い子たちがダンスの練習中。聞くと近くの都立上野高校の生徒たちで、もうすぐ運動会なのでその練習らしい。いいな上野高校。新緑の森、噴水を見ながら踊っている。この噴水のところが、江戸時代の寛永寺の根本中堂のあったところ。

やっと娘が来て、中に入る。わー、すいてる。といってもけっこう人はいるのだが、じつは私、この展覧会は前に京博（京都国立博物館）でも見ている。比較にならぬ混みようだった。釈迦涅槃図《しやかねはんず》や八大童子や、国宝、重文がめじろ押しで、高野山が山の秘宝をよくもこれだけ外に出してくれたものである。

バチカンでもプラドでも、いっしょにいくと私の三倍はじっくり見る娘をおいて、私はさっさと外へ出て、前庭の池の縁に腰かけ、東博本館をまじまじと眺めた。

ここは、かつての寛永寺本坊跡、住職輪王寺宮の住居で、幕末の公現法親王は維新後、還俗して北白川宮能久と名乗り、曲折の末、日清戦争で戦病死。江戸っ子たちは「彰義隊の上野戦争で最後まで抵抗した宮様を明治政府は最前線にやったのだ」と噂したっけな。砲弾の跡もある本坊の門は両大師脇に移されて現存する。

東京国立博物館はかつて帝室博物館といった。最初の明治の建物はジョサイア・コンドルによるもの。それが昭和十二年、改築され、設計は渡辺仁である。渡辺仁といえば銀座の服部時計店やGHQに接収された第一生命ビル（当時の第一生命館）、品川の原美術館（当時の原邦造邸）と、いろんなスタイルがつくれる人で、そのぶんとり

上野百貨店

たてて個性がないといえるかも。

東博は、「日本趣味を基調とする東洋式とすること」という条件でコンペが行われ、前川國男のモダンな案などを退けて、「インドネシアの二重屋根の民家にヒントを得た」渡辺案が選ばれた。昭和建築だがすでに重要文化財だ。

石造に瓦屋根がのっている。しかしこうしてライトアップされるとたしかにバリのリゾートホテルに似ているような。左手には片山東熊設計の表慶館。これも重文。明治四十一年に建てられたこぶりなネオバロック、私はこちらの方が好きだな。屋根が銅葺きで緑青《ろくしょう》をふいている。しかし、東京にこんなゼイタクな空間あるのかしら。

娘がようやく出て来た。口笛でも吹きたい気分で公園に出ると噴水もライトアップされ、その遠くに広小路の灯がまたたく。

「来週は西洋美術館のバチカンの大理石彫刻、見に行かない？　その次は都美術館のフェルメールに行こう、金曜日の夜に」

と、娘はくわしい。パリでもロンドンでも、夕方まで働く人たちのために金曜の夜に美術館を開けている。日本でも最近、それを踏襲したのはよいことだが、まだあまり知られていないので穴場。もう一つ特筆すれば、上野の山の公共施設内レストランはなぜか上野精養軒一点張りだったのが、ちかごろ異変がある。

東博も西美も、芸大の美術館にも他の業者が入って競争がはじまった。利用者にとっては歓迎すべきことである。なかでも私は科学博物館の「ミュゼバサラ」が好き。アーク森ビルの本店は敷居が高いが、ここは科博らしく「恐竜の卵コロッケ」。マヤ文明展では「古代米カレー」、地震展のときは「なまずの唐揚げ定食」をやっていた。

もう一つ、とっておきの隠れ家がある。それは東博と芸大の間にあるレンガ造りの黒田記念館。明治の洋画界をリードした黒田清輝が自作を保存するため、建設費を出すことを遺言して昭和三（一九二八）年に完成した。画家は作品をすべて寄贈している。いまは東京国立文化財研究所の所管だが、毎週木曜と土曜の午後、無料で公開されている。

「舞妓」「湖畔」「智・感・情」と三点の重要文化財が見られる。ちっとも古びないのびのびした線。光を感じさせる色。眺めているだけで幸福になる。

その隣の国際子ども図書館は安藤忠雄氏によるリノベーション。近くにある旧因州池田屋敷表門と市民運動が実って残った奏楽堂は重文。上野のお山はさながら建築博物館である。

不忍池

明治のころ競馬場があった

夏の朝早く、不忍池まで自転車を走らす。紅い蓮の花が清々《すがすが》しい大気に揺れる。葉がひるがえり、白い葉うらを見せる。蓮の花は咲くときにポンと音をたてる、と母に聞かされ、耳をすましたけれど聞こえなかった遠い日の想い出。幼いわたしは、おやゆび姫になったつもりで、葉の上に乗っても水に沈まないと思い込んでいた。

不忍池は東京に残った、江戸の海の遺構である。

その昔、ここは日比谷の奥入江であった。気候条件が変わり、退水していくつかの池が残った。千束池《せんぞくいけ》や姫ヶ池が埋めたてられたのに不忍池が残ったのは、ひとえにここが聖地となったからである。

家康、秀忠、家光三代の帰依篤い天海僧正の献言により、幕府はこの忍ヶ岡に、江戸城鎮護の大寺建立を企てる。城の北東、艮《うしとら》の鬼門の方角に当るというのだ。

三つの大名屋敷を立ち退《の》かせ、上野村の農民を退かせた土地に、幕府は総力で寺を建てる。東叡山寛永寺。京都の比叡山延暦寺にならい、東の叡山とし、年号を寺号に用い、不忍池を琵琶湖に見立て、中之島を築いて弁天堂を勧請した。

不忍池は忍ヶ岡に対応する名称である。ともかく池はいまの二倍の広さはあったらしい。いまの東京大学池《いけ》之端《はた》門近くに境稲荷があるが、これが池と畔《ほとり》の境で、水際のあとだという。

最初、中之島には橋がかかっていなくて、小舟で参詣した。いつしか西側に橋がかかり、そのころから不忍池の周りは、春の花見、夏の蓮見と納涼、秋は月見、冬の雪見と水鳥と四季折々の観光名所となった。上野の山自体は徳川家の菩提寺であり、京都から代々一品宮親王《いっぽんのみやしんのう》を住職に迎えるならわしだった。花見時も酒を飲んでのドンチャン騒ぎは許されず、七門を日没で閉め、山同心が巡回した。

一方、不忍池畔はよほどゆるやかで、延享四（一七四七）年、池中を浚った土を盛って西側に長さ四百間、奥行十間の土手を築き、これを新地といい料理茶屋や楊弓場、講釈場が立ち並び、大道芸人も出た。寛延年間には中之島（のち弁天島ともよばれる）の後ろに四つ折れの橋を架け、水に映じて八つ橋と呼ばれた。

不忍池は盛り場化してしまった。これらの茶屋が遊女を置いて風紀を乱し、廃水を池にたれ流し、土手のために水はけが悪くなり、蓮も育たなくなった。これを憂えた寛永寺門主は幕府とはかり、宝暦二（一七五二）年に八つ橋と茶屋の取り払いを断行している。

しかし、商人たちも負けてはいない。七十年後の文政年間、池を浚渫した土で同じく池の西側に土手を築き、その上に茶屋が次々できて繁盛した。人目を忍ぶ不倫の男女の密会場所、いわゆる出会い茶屋である。

池の名と相違な客の来るところ
出会茶屋危ない首が二つ来る

こんな川柳がある。これも水野忠邦の天保の改革で取り払われた。ともかく浚渫し

た泥を盛るたびに池は狭くなり、畔と土手の間を忍川の細流が流れた。そこに蓮見橋、花見橋、月見橋、雪見橋といった風雅な名の橋がかかり、大正の震災のころまで残っていたという。

初夏、北部公園事務所の許可を得て、若蓮の巻葉をつみ、それを細かく刻んで白飯と混ぜ、青々と香り高い蓮飯をいただいたことがある。その昔、不忍池の茶屋の名物とされた菜飯だ。江戸時代は六、七月になると、不忍池の蓮根を採って寛永寺門主より将軍家へ献上したというが、さて、いまたとえ蓮根を採ったとして、これだけ池の水が汚れては、その根に有害物質が蓄積されてはいないか。

上野戦争のとき、彰義隊は上野の山にたて籠り、西軍、いわゆる「官軍」の大手は広小路だったが、搦手《からめて》は池の西岸だった。小舟に乗って不忍池を渡った西軍は穴稲荷《あないなり》門に突撃、しかし彰義隊は善戦した。こう書くと、不忍池がなんだか日本海かエーゲ海かのように広々と感じられる。

わずか半日でけりのついた上野戦争は、徳川幕府の終わりを告げた。二百六十年の長さを振り返るためにも必要な一戦であったのだが、東軍びいきの私にとって不忍池は悲しいところでもある。戦い敗れ、蓮池に潜み、ときおり水面に出て息を吸うところを生け捕りになり、殺された彰義隊士もいたというから。

明治六年、上野寛永寺は浅草寺、増上寺、飛鳥山などとともに日本初の公園となり、八年、不忍池もそれに編入された。それからの不忍池もまた、受難といえば受難の歴史がつづく。

いま、私たちが夏に蓮を、冬に鴨を見ながら歩む池畔の遊歩道は、じつは明治十六年に建設された競馬場のあとである。富国強兵のため馬匹改良がもくろまれ、華族たちが出資して、共同競馬会が設立された。明治十二年に新宿の戸山ヶ原で競馬を行ったが、そこは不便なので、もっと景色がよく、交通の便のよい不忍池畔に目をつけた。なにしろ共同競馬会の社長は小松宮で、所轄の農商務相西郷従道は馬主だから、いたしかたない。池のまわりを埋め立て、明治十七年十一月、明治天皇の行幸を得て第一回不忍池競馬を開催した。これは今のような大衆的ギャンブルではない。一着二着の馬の持主に賞金が出るだけという、貴族の遊びである。

その前後から、上野の山と不忍池は、殖産興業のための博覧会空間としても活用されはじめる。とりわけ明治四十年の東京勧業博覧会は派手だった。中之島から茅町にかけて、石づくりのアーチをもつ観月橋がかけられた。そして、池の北にはいくつもの外国館が立ち並んだ。池にせり出す台湾館の赤い屋根のそりが目を引き、ウォーターシュートがお目見えし、夜はイルミネーションが赤々と夜空に浮かんだ。

大正十二年の関東大震災で谷中や根津が焼けずにすんだのは、まさしく上野の山の緑が延焼遮断帯となり、不忍池の水が消火に役立ったからである。上野駅と料亭常盤華壇までは焼けたが、上野の山は無事だった。池の南岸までは火が迫ったが、湯島の岩崎邸などは不忍池からの中継送水で守られた。翌十三年、皇太子（昭和天皇）成婚を記念して、公園は宮内省から東京市に下賜された。いまだに上野恩賜公園と呼ばれるのはそうしたわけである。

不忍池はいよいよ、市民のものとなった。近隣の子どもたちはこの池でフナやコイをつり、トンボを追っかけ、広場でタコ揚げをし、池に氷が張ればスケートをした。戦争中は不忍田圃がつくられ、高松宮を招いて米の収穫祭が行われた。

戦後の二十九年に私は生まれた。不忍池畔で写した、よだれかけ姿の写真が残っている。それから暮しの中にいつも池はあった。

日曜日というと、家族で動物園に行き、上野松坂屋で買物をし、広小路でトンカツか洋食を食べるというのがわが家のお決まりのコースだった。夏の朝には父と、不忍池まで散歩に行った。夜、浴衣を着て納涼大会で釣りしのぶを買い、夜遅くに精養軒でジュースを飲んでワクワクしたのを思い出す。

学生になるとボーイフレンドとボートに乗った。狭い池の水はキラキラと日に輝き、平日の昼間、あくせく働く東京を尻目に、のんびりと幸福だった。

不忍池は、自然が窪ませた東京のヘソである。誰のものでもない。十年ほど前、蓮池の下に車二千台分の地下駐車場をつくろうという計画があったとき、まず思ったのはそのことだった。

中国の杭州というところに行ったとき、西湖という広い池を見た。蓮があり、島があり、堤があり、不忍池にそっくりである。そこには朝になると大勢の杭州市民が集ってくる。

西湖へ、西湖へ。そして太極拳、気功、ダンス、合唱、マージャン、おもちゃのヨットレース、芝居、バドミントンから単なるおしゃべりまで、じつに多様なことを楽しんでいる。不忍池の畔もこうなったらいいな。私はひそかに自分が老いるまでに「不忍池西湖化計画」の実現を心に抱いている。

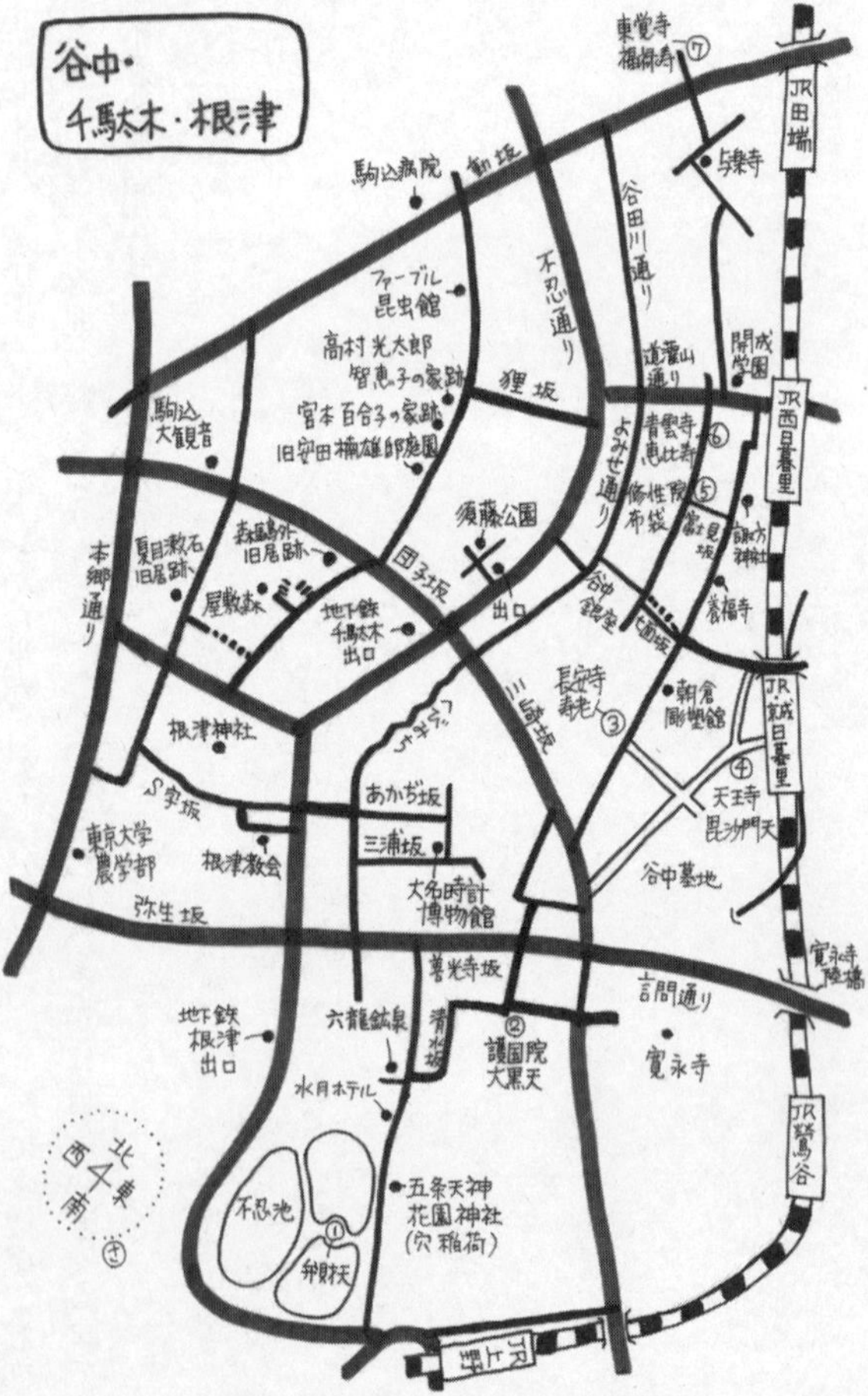

谷中・
千駄木・根津
東覚寺
福相寺 ⑦
JR田端
与楽寺
駒込病院
動坂
谷田川通り
不忍通り
ファーブル
昆虫館
高村光太郎
智恵子の家跡
狸坂
道灌山通り
開成学園
JR西日暮里
宮本百合子の家跡
旧安田楠雄邸庭園
駒込大観音
よみせ通り
青雲寺
恵比寿 ⑥
修性院
布袋 ⑤
富士見坂
諏方神社
須藤公園
本郷通り
夏目漱石
旧居跡
森鷗外
旧居跡
団子坂
屋敷森
地下鉄
千駄木
出口
出口
谷中銀座
七面坂
養福寺
長安寺
寿老人 ③
朝倉彫塑館
JR京成日暮里
へびみち
三崎坂
根津神社
S字坂
④
天王寺
毘沙門天
あかぢ坂
三浦坂
東京大学
農学部
根津教会
谷中墓地
大名時計
博物館
弥生坂
善光寺坂
寛永寺陸橋
言問通り
地下鉄
根津
出口
六龍鉱泉
清水坂
②
護国院
大黒天
寛永寺
水月ホテル
JR鶯谷
五条天神
花園神社
(穴稲荷)
不忍池
①
弁財天
北
西
東
南
さ
JR上野

谷中
元祖七福神めぐり

大晦日は除夜の鐘を上野、谷中で聞く。寛永寺、瑞輪寺、全生庵、養福寺などの寺の鐘が、少しずつちがう音程で混ざりあい、響き合う。気もそぞろになって出かけ、並んで鐘をつかせてもらった年もあった。そして一夜あければお正月、初詣でに日暮里諏方神社と根津神社におまいり。二日すぎから谷中には七福神詣での客が多くなる。以前は天王寺門前をお借りして地域雑誌「谷中・根津・千駄木」を立ち売りするのが、年頭の、初心を思い起こすための初仕事であった。

江戸で一番古い谷中七福神を回る方のために気付いたことを少し。不忍池中之島の弁天様からお参りするのが順序である。逆に田端から回った方が最後が上野の盛り場で、遊べると思うかもしれないけど。

弁天様は仲の良いカップルを見るとヤキモチを焼くので、男女二人の場合はご用心。そこから池の東を巡るが、五条天神の穴稲荷へもついでに。上野が寛永寺創建で開発される前からいた狐狸《こり》をまつったもの。それから少し行くと左手に森鷗外の旧居跡が「水月ホテル」になっている。その近くには東京でも珍しい天然の「六龍鉱泉」、通称黒湯もある。入りたい方は石鹸とタオルの用意を。

交番脇を上野の山へ上る。左手に見える蔦《つた》に覆われた建物は動物園の元食糧倉庫。この坂は正式には清水坂、弘法様が杖《つえ》で地面を叩き泉が湧《わ》いたというが、一名、暗闇坂。上っていくと左側に作家円地文子さんの旧居。その並び、喫茶「さえら」で熱いコーヒーを飲もう。静かでおちつく、私の大好きな喫茶店。

右折して二番護国院大黒天。庫裏《くり》は岡田信一郎の設計。赤坂の名妓《めいぎ》万龍と結婚し、歌舞伎座も設計した人。

言問通りを横切り、古い「谷中道」を行く。三崎坂上に出、こんどは諏方道に入ると、三番寿老人のある長安寺の前は絵師狩野芳崖と経師師寺内銀太郎の墓、鎌倉時代の古い板碑もある。このお寺には本堂に左官伊豆の長八のみごとな鏝絵《こてえ》もある。長屋や路地の風情、石屋さん、鼈甲屋さん、象牙屋さんなど、昔ながらの仕事に励む職人さんたちの姿に、ことし一年も地道に生きようという気になる。「七福神そば」の松寿庵もいい。

そこから谷中墓地へ入ろう。中村正直（明六社をおこした啓蒙家）、佐藤尚中（順天堂をおこした医学者）、長谷川一夫など気になる墓を横目で見つつ、谷中五重塔の跡から四番毘沙門天の天王寺へ。このお堂は谷中五重塔の焼けた材で造られたとか。

カレーの「じねんじょ」、そば「川むら」、ゴマ煎餅のおいしい「都せんべい」などでひっかかるもよし、諏方神社手前の「シャレースイスミニ」が丸太小屋ながら妙に落ちつく雰囲気です。クロワッサンのサンドがおいしい。

鳥居前の富士見坂上からは晴れた日、運が良ければ富士山が拝める。また坂を下りて右折、五番布袋様の修性院、六番恵比寿様の青雲寺が並ぶ。東京とは思えないのんびりした寺のたたずまいです。

ここから七番福禄寿の東覚寺まではやや道が複雑なので聞きながら行きましょう。

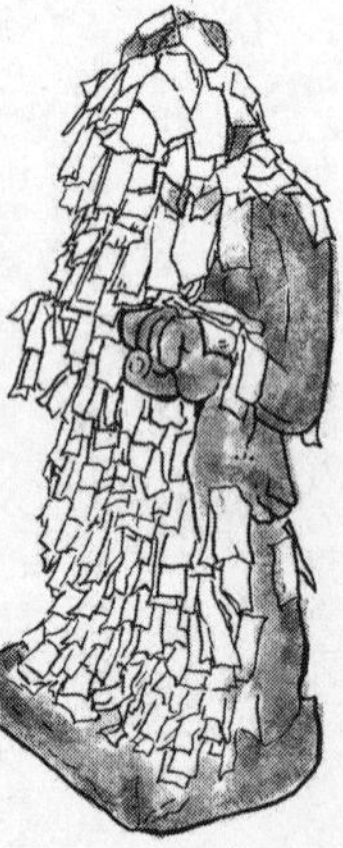

その途中開成学園脇を入った旧日暮里渡辺町は、大正時代に開発された郊外住宅地のあと、野上彌生子や石井柏亭ら文化人が多く住んでいた。そこから北区田端へ入ると曲りくねった道に昔の農村の面影が残り、心がのびやかに解放される。東覚寺門前で、体に痛いところがある人は赤紙の仁王様におまいりするのも良いでしょう。ではでは、今年もグッドラック。

千駄木
鷗外の観潮楼、漱石の「猫の家」

　千駄木駅が出来たのは、地下鉄千代田線が通った昭和四十二年だった。そのとき、不忍池の水際で工事をしていて畔に近づきすぎてしまい、池の水が一時間で抜けたという事件がある。その前の昭和三十九年、町名改「正」があって、私の住所は文京区駒込動坂町三二一番地から、千駄木四丁目一ノ十四に変わった。

　千駄木というのはもともと寛永寺の塔頭《たっちゅう》寒松院、東漸院が管理する薪場、一日に千駄の薪を出すということらしい。あるいは、吉祥寺の栴檀林（学寮、駒沢大学の前身）に関係があるともいう。そんな雑木林だったが、明治以降、おいおいに開け、本郷に東京大学がまとまったことから、学生町学者町となり、先生方のお邸、学生下宿が多くなった。

千駄木駅を表に出ると不忍《しのばず》通り、直角に団子坂を上る。これもあまりに急坂なので団子みたいにコロコロころがったとか、団子のような小石が多かったとか、いや坂の上においしい団子屋があったとか、諸説紛々。この団子坂で、明治の末まで菊人形という催しが行われ、漱石の「三四郎」や鷗外の「青年」に登場する。秋の一月で一年分の売り上げがあったという菊人形も、両国で電気仕かけの菊人形が始まると人気が衰え、ついに明治末に廃業してしまった。

上っていくと右手に石垣がある。旧岡本銀行頭取邸の石垣で、これは明治のまま。上って右側が旧林町で、宮本百合子の実家である中條精一郎邸や高村光太郎・智恵子の住んだアトリエがあったが、この一帯、戦災に遭い残っていない。最近、動坂上近くに、フランス文学者奥本大三郎さんがファーブル昆虫館「虫の詩人の館」を開設、そこをたずねるのが楽しいかも。駒込病院の前の洋菓子「ストレル」は、私の子どものころからいまのような本格的なケーキを作っていた。

昭和初期まではイタチが出たといい、いまもムジナ坂とタヌキ坂がある。そのムジ

古書ほうろう

ナ坂の下に、古書ほうろうがあって二組のすてきなカップルが古書店を営んでいる。そこに読んだ本を持っていき、まだ読んでない本を買ってくる。それが私の散歩。ときどき、夕方本を片付け、講演会場やライブハウスにも変わってしまう。

昔、不忍通りを都電二十番線が通っていたころ、車掌さんは「ドウザカシター」「ドウカンヤマシター」と声をひっぱって鐘をチンチーンと鳴らした。次が「サカシタチョウ」それから「ダンゴザカシター」である。黄色い電車は谷底の町をゴトゴトと走り、私たち谷底の住民は電車の音で目をさましたり、その音を聞きながら眠りについたりしていた。

団子坂下から上って左側が千駄木町で、林町よりやや一区画が広く高台である。ここに住んでいたのが森鷗外。明治二十五年、満三十歳のとき千駄木町二十一番地の二百坪ほどの土地を求めて、観潮楼を建て、六十歳で没するまでいた。団子坂を一名潮見坂というからだろうが、その昔、坂の上から品川沖が見えたというのにちなむ。鷗外の妻しげは「海が見えるか」と問われ、正直に「いいえ、見えません」と答えている。

観潮楼には石川啄木、与謝野鉄幹・晶子夫妻、上田敏、石井柏亭、たくさんの人が来て歌会も開かれたのだが、大正十一年七月九日、主の鷗外は亡くなり、昭和十二年の火災に遭い、さらに二十年の戦災で焼失した。いまは老銀杏、玄関の敷石と、庭の三人冗語の石が残るばかり、森鷗外記念本郷図書館として長らく親しまれて来たが、図書館は別の場所に移り、記念室には鷗外に関する一級資料が保管活用されている。

この表門から南へ下る道を藪下通りといって、子どもの私にはちょっと怖いような薄暗い道だった。坂の上からは遠く上野松坂屋のアドバルーンが見えた。この先はいっちゃいけない、という気がして、このへんでひきかえし、幼稚園の友だちの家へ寄った。その家は三百坪もあって長屋の娘にとってはびっくりの大豪邸だった。

このへん太田備中守の屋敷あとで、ご子孫がいまもお住いだが、その西側の道に沿って、夏目漱石が「吾輩は猫である」を書いたいわゆる〝猫の家〟がある。さらにいうと、その家に漱石の十年ほど前には鷗外が住んでいた。両文豪ゆかりの建物は明治村に移築されてしまったが、日本医大同窓会館となった建物の塀には銅の猫がのっていて、何となく気持がなごむ。

根津

神社の門前に遊廓

根津に「ねず」とルビを振って地元生れの老人に叱られたことがある。「ねづ」なのだ。しかもアクセントは後ろの「づ」にある。根も津も海の波の寄せるところ。縄文海進のころは本郷台と上野台の間は海だった。そして潮がひいたあと藍染川という小さな川と、それが注ぐ不忍池が残ったというわけである。

そんな卑湿《ひしつ》の地。この町が開けたのは、一七〇六年に根津神社が造営されたからだろう。こんな小さな町に不似合いな、立派な社があるのは、六代将軍家宣の産土神《うぶすながみ》であるからだ。

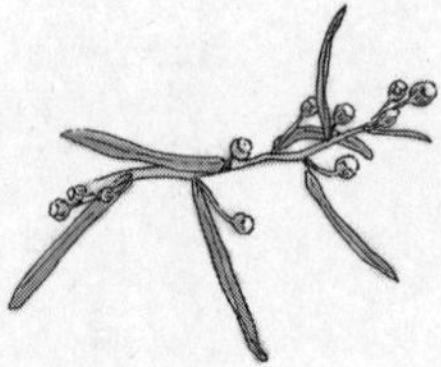

根津神社乙女稲荷

もともとこの地は、家宣の父で、三代将軍家光の三男、綱重の邸であった。生類憐みの令まで出して世継ぎを願ったのに、五代将軍綱吉（家光の四男）にはどうしても子が出来ず、亡兄綱重の子を世子とした。これが家宣である。綱吉はこの時に、邸と敷地（現社地）を献納し、団子坂上の元根津の宮を遷祀し、将軍お世継の産土神だと社殿を造営した。その建物は戦災に遭ったけれど、復元されて今は重要文化財である。藤堂和泉守が寄進した唐銅灯籠、久世大和守の寄進した石灯籠も往時のままである。家宣は四十八歳で将軍となり、四年弱しか在位しないで亡くなったけれど、新井白石などを重用し、正徳の治とよばれる善政をしいた。

変化し続ける東京にあって、これほど変わらない風景はめずらしい。明治四十年の『新撰東京名所図会』ともそう変わっていない。と思っていたら、このところどんどん変わり、表門S字坂の上にあった内田百閒が住んだ家もなくなり、「金の星社」の創業者・斎藤佐次郎の建てた「曙ハウス」も壊された。根津神社の境内にも水路を掘ったり橋をかけたり、いろいろいじくって、ちょっと気の通りが悪くなったような気がする。

境内はもちろん樋口一葉の日記にも出てくるし、森鷗外が日露戦争から無事帰還して奉納した水飲み場もある。境内の茶屋はいまはないが、ここで夏目漱石が句会を催したり、大杉栄らアナキストの集まりもあった。

根津の表通りには「文豪の街」の看板が揺れているが、これにはちょっと異議あり。根津は上京した者が住む町、室生犀星、村山槐多《かいた》、中里介山らが若く貧しいころに住んだ町だ。「文豪になる前の街」といった方がよいか。

じつは、根津神社を造るさい、根津には工事関係者が多く入り、彼らのための食べ物屋が女を置くようになり、江戸時代は門前の岡場所、私娼窟《ししょうくつ》となった。

昔は寺社詣での口実で遊ぶ男が多かったらしい。江戸市中の寺社門前にはあわせて三十数カ所の岡場所があったと聞いた。幕府が何度取り払いを命じても少し規制がゆるむとまたぞろ盛り返す。

根津の場合、明治になるとこれが根津遊廓《ゆうかく》として公に許され、千人近くの女性が働かされていたという。近くに東京大学が出来て、学業途中の若者によろしくないと、明治二十一年六月三十日をもって深川の洲崎へ移転させられた。

坪内逍遥はここの遊女をみごと正妻とし、森鷗外の「ヰタ・セクスアリス」には根津遊廓に溺《おぼ》れて立身出世の道を捨てる友人の姿が描かれる。

そんな面影はいま根津の町に見えない。地下鉄千代田線が通ってから、ここはサラリーマンが途中下車して一杯やる小体《こてい》な居酒屋が増えてきた。鯛焼の柳屋、昔風のアイス芋甚もある。路地奥のそばや鷹匠もいい。されど人気《じんき》はいまなお濃い。立川談志師匠もお住いだ。谷底に密集して暮し、人のことが気になってたまらないセコイ気分が、私は意外に好きだ。

地下鉄でかわいい女の子が「根津の次はどこ?」とお母さんに聞く。弟らしき子が目をくりくりさせて「ゆず」と元気に答えた。

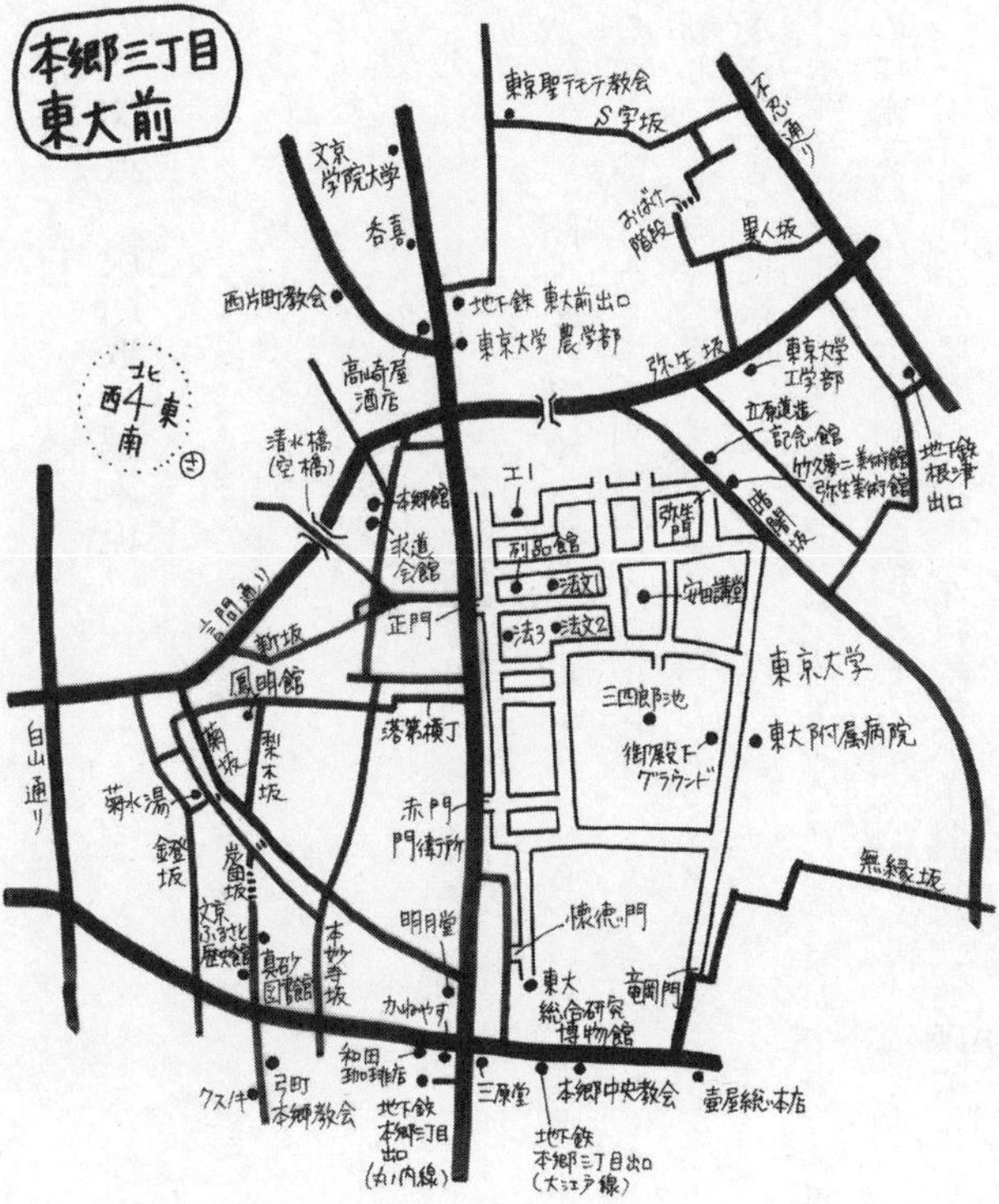

本郷三丁目
東大前
北
西
東
南
東京聖テモテ教会
S字坂
不忍通り
文京学院大学
香喜
おばけ階段
異人坂
西片町教会
地下鉄 東大前出口
東京大学 農学部
弥生坂
東京大学 工学部
高崎屋酒店
立原道造記念館
竹久夢二美術館
弥生美術館
地下鉄 根津出口
清水橋（空橋）
工1
弥生門
言問通り
本郷館
求道会館
列品館
法文1
安田講堂
暗闇坂
正門
法3
法文2
新坂
東京大学
鳳明館
三四郎池
白山通り
落第横丁
御殿下グラウンド
東大附属病院
菊坂
梨木坂
菊水湯
赤門
門衛所
鐙坂
炭団坂
無縁坂
文京ふるさと歴史館
明月堂
懐徳門
真砂図書館
本妙寺坂
東大総合研究博物館
龍岡門
かねやす
和田珈琲店
三原堂
本郷中央教会
壺屋総本店
クスノキ
弓町本郷教会
地下鉄本郷三丁目出口（丸ノ内線）
地下鉄本郷三丁目出口（大江戸線）

本郷三丁目

菊坂・炭団坂・梨木坂

本郷三丁目、近いのによく知ってるようで知らない。本郷通りをゆくと片側は東大の緑。片側は古本屋、画材屋、医療機械屋、カレー屋。お店の栄枯盛衰は激しくて、新しいオムライス屋ができたよ、おいしいラーメン屋がオープンしたよと近所のうわさに聞くと、自転車を走らせる。

本郷通りは江戸時代の岩槻街道。埼玉あたりの農家が牛車や馬車で市中の肥えを汲みに来ていたのでおわいや街道ともいう。

三丁目角の洋品屋かねやす（江戸時代の小間物屋「兼康」）に、

本郷もかねやすまでは江戸の内

という川柳のプレートがある。千代田城の方向から来た相撲の太鼓がここで引き返していくからで、その先は草深い駒込の村。たしかに、明治のころ駒込林町に住んでた仏師高村光雲（詩人高村光太郎の父）などは、神田や日本橋に行くのを「お江戸へ行く」といってたようなのだ。

本郷三丁目は大江戸線の駅ができて最近ずいぶん賑やかになった。なつかしい店はパンの明月堂、和田珈琲店、ようかんの藤むら。藤むらでは、樋口一葉が、恋心を抱いていた師、半井桃水《なからいとうすい》のお見舞に菓子を買ったりしている。だがこのところ店はずっと開いていないようだ。和菓子は三原堂や壺屋総本店がおいしい。

本郷三丁目から少し東大の方へ向かって、パチンコ店の角を下がってゆくのが菊坂。その昔は菊の畑のあったところとか。この角が昔の洋食屋燕楽軒で、大編集者「中央公論」の滝田《たきた》樗陰《ちょいん》が食事をしたところ。ついでにいうと、上京した宇野千代さんがウエイトレスをしていた。ほんの短期間のことらしい。

ついでにこの角で大正十三年、福田大将暗殺未遂事件が起こっている。大正十二年の九月、震災後のどさくさに紛れて、朝鮮の人びとや社会主義者が弾圧され殺された。アナキスト大杉栄と妻伊藤野枝と幼い甥も憲兵隊に虐殺された。その報復のため、大杉の仲間たちが震災時の戒厳司令官福田雅太郎をここで暗殺しようとした。実行犯の和田久太郎、ピストルを渡した村木源次郎らが捕らえられ、和田は自殺、村木は獄中で病死している。

赤門を入った右奥にある東京大学総合研究博物館も充実した展示でたのしみだが、今日はちょっと、文京ふるさと歴史館に用があって来た。ここは本郷や小石川に関する地誌資料を展示している。並びにあるお邸は渋沢栄一の一族で深谷にレンガ工場を経営した諸井邸。その斜め前が区立真砂図書館。

このあたりをもとは真砂町といい、泉鏡花「婦系図《おんなけいず》」では「真砂町の先生」が住んでいたことになっている。お蔦《つた》・主税《ちから》の仲を割くこの先生のモデルは鏡花の師匠尾崎紅葉とか。

さらにまっすぐ行くと炭団《たどん》坂上に出る。ここから見下す瓦や樹の混じる夕景はすばらしい。降り口左に、坪内逍遥旧居跡とある。明治十七年ころ、逍遥は真砂町十八番

小さなビルがひしめく
裏通りにぽっこり
十一面観音像....

地に住んで「小説神髄」や「当世書生気質」を書いた。そのあとこの地は伊予松山藩の久松家をスポンサーとする寮となり、正岡子規、内藤鳴雪、河東碧梧桐なども住んだとある。坂を降りずに左へ崖際をゆくと、樋口一葉が住んだ菊坂町の路地の上に通じている。そこを鐙《あぶみ》坂という。炭団坂の反対側は梨木坂。本郷はほんとうに坂の多い町だ。

梨木坂を上ると、鳳明館という登録有形文化財の宿があり、下足をみると横文字のお客様の靴がずらり。その近くの求道会館も東京都の指定有形文化財で、たまにコンサートをやっているが、その並びの木造三階建ての下宿本郷館もどうにか残ってくれればと思う。旧い東京の面影を残すところは本当に少ないのだから。

東大前
落第横丁と三四郎池

地下鉄南北線が通ったとき「東大前」という駅ができた。「文京学院大学」の門の脇にも入口があるのになぜかである。

私の散歩道だが、もう少し南へ行くと、おでんの「呑喜」がある。ビルの一階に間口一間半くらいの店だけれど、明治二十年が発祥である。最初は屋台店だったそうだ。おでんと茶飯中心の店だが、冬でないと大根は入れないし、私の苦手なちくわぶも入ってない。

「あれは代用品ですから、うちでは白ちくわを入れてます」というのがうれしい。あぶらげの中にすきやきを入れる袋、これはこの店の考案らしい。夕方、アルミのお鍋でおでんを買いにいくと、いかにも旧制一高出というような上品な老紳士がおでんで酒を汲みかわすのを見かけた。

「呑喜」のあるビルには東大YMCA会館も入っていて、その昔、ここに木下順二や森有正が住んでいたことがある。もっと昔をたずねれば、吉野作造がここで大正デモクラシーの重要論文「憲政の本義を説いて其有終《その》の美を済《な》すの途《みち》を論ず」を書いたという。大正五年の話である。

この先、岩槻街道と中山道が分かれる、いわゆる追分。そこに古い古い高崎屋酒店がある。なにしろ堀部安兵衛が高田馬場の決闘の加勢に赴く前、この店で一杯ひっかけた、という話があるくらい。

左側はずうっと東京大学のレンガ塀で、初夏ともなれば、その赤と、樹々の緑、そして本郷通りに都電が通っていたころは車体の黄色と、色彩の対比がなんとも美しかった。雨の日など、私はその色彩を楽しみながらどこまでもこの道を歩いた。いわゆる看板建築はずいぶん消えてしまったけれど、いまでも好きな道だ。

正門前のドイツ関係書籍専門の郁文堂のビルも古いが、その横丁は落第横丁という。

東大構内

昔は飲み屋やビリヤードがあって、本郷には珍しく歓楽街的雰囲気だったらしい。何軒目かに「ペリカン書房」という古書店があり、ここの主人品川力《つとむ》さんは無教会派のクリスチャンにして「内村鑑三全集」の校閲者、大変な物知りであられた。戦前は「レストラン、ペリカン」を開いていて、織田作之助や太宰治の作品にも登場する。その伝説的な店に私たちの「谷根千」も創刊以来おいていただいていたのだが、その品川さんももうおられない。

東大探検も面白い。農学部は旧水戸藩邸で、黄門様から幕末の徳川斉昭までのゆかりの地。水戸藩に迎えられた朱舜水もここに住んでいた。弥生坂をはさんで、正門は伊東忠太の設計で、ご本人は自身の作品の中でもっとも気に入っていたそうな。門衛所、正面の安田講堂、法文十二号館、法学部三号館、工学部一号館、列品館などが国の登録有形文化財となっている。

三四郎池はご存知、夏目漱石の小説「三四郎」からつけられた。私たちの行う大気汚染（NO_2）調査では文京区でいちばん空気のいい所。大通りから遠く、緑地に囲まれた谷の底だからか。御殿下グラウンドの所は昔、加賀屋敷梅の御殿だった。

それと並行した病院前の広い道は、加賀屋敷の馬場のあとである。そこから弥生門を出れば、暗闇坂に面して、高畠華宵や竹久夢二など大正ロマンの絵を集める弥生美術館。ここの喫茶店の窓から東大の緑を眺めるとなごむ。近くには夭折《ようせつ》の詩人、建築家立原道造の記念館もある。

夢はいつもかへつて行つた　山の麓《ふもと》のさびしい村に
水引草に風が立ち
草ひばりのうたひやまない
しづまりかへつた午さがりの林道を

（のちのおもひに）

立原道造が浦和別所沼のほとりに構想したヒアシンスハウス、それを建てようという夢のような話が実現したときく。お墓も記念館から近い谷中多宝院にある。

白山・小石川植物園

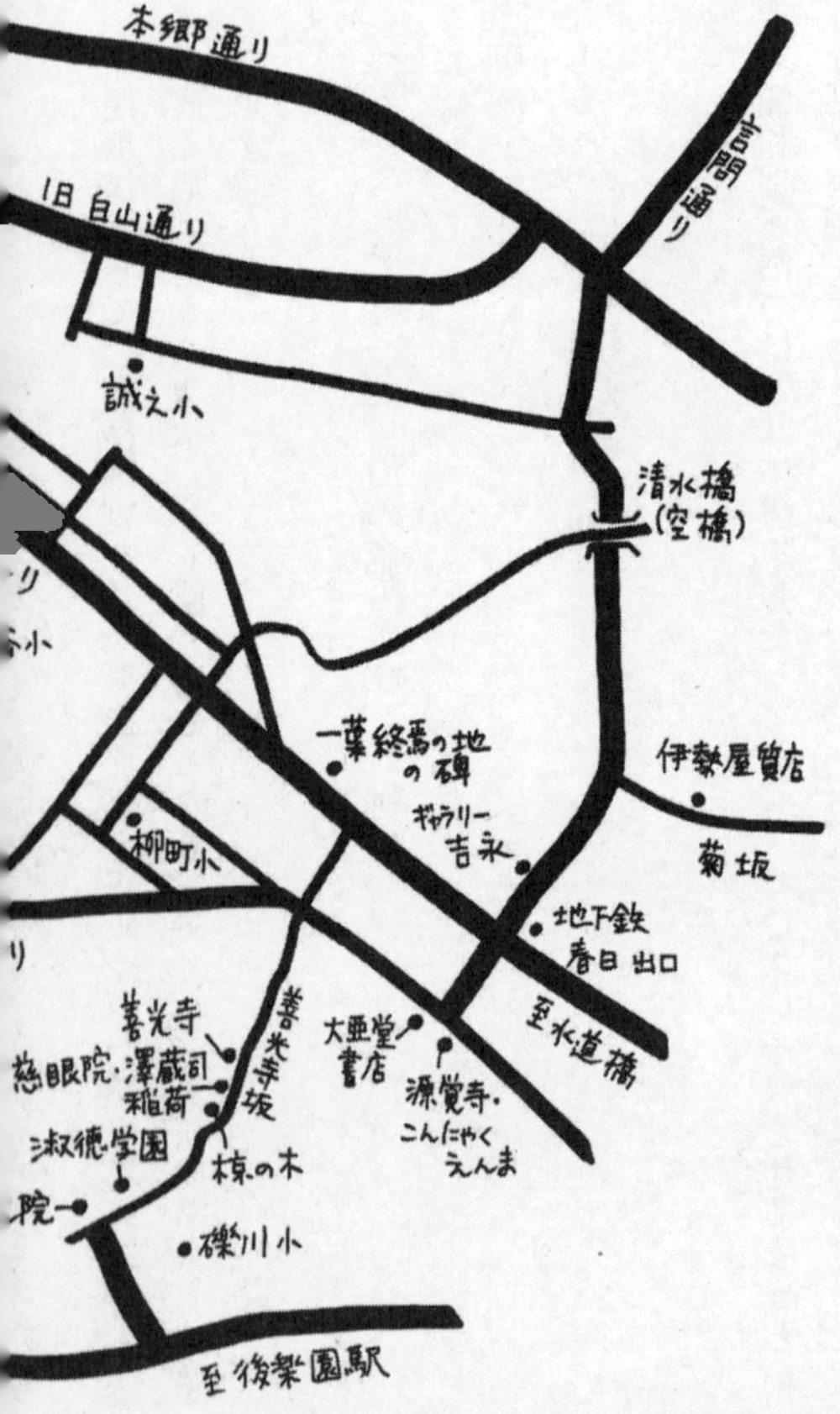
本郷通り
旧白山通り
言問通り
誠之小
清水橋
(空橋)
一葉終焉の地の碑
伊勢屋質店
ギャラリー
吉永
菊坂
柳町小
地下鉄
春日出口
至水道橋
善光寺
善光寺坂
慈眼院・澤蔵司
稲荷
大亜堂
書店
源覚寺・
こんにゃく
えんま
淑徳学園
椋の木
礫川小
至後楽園駅

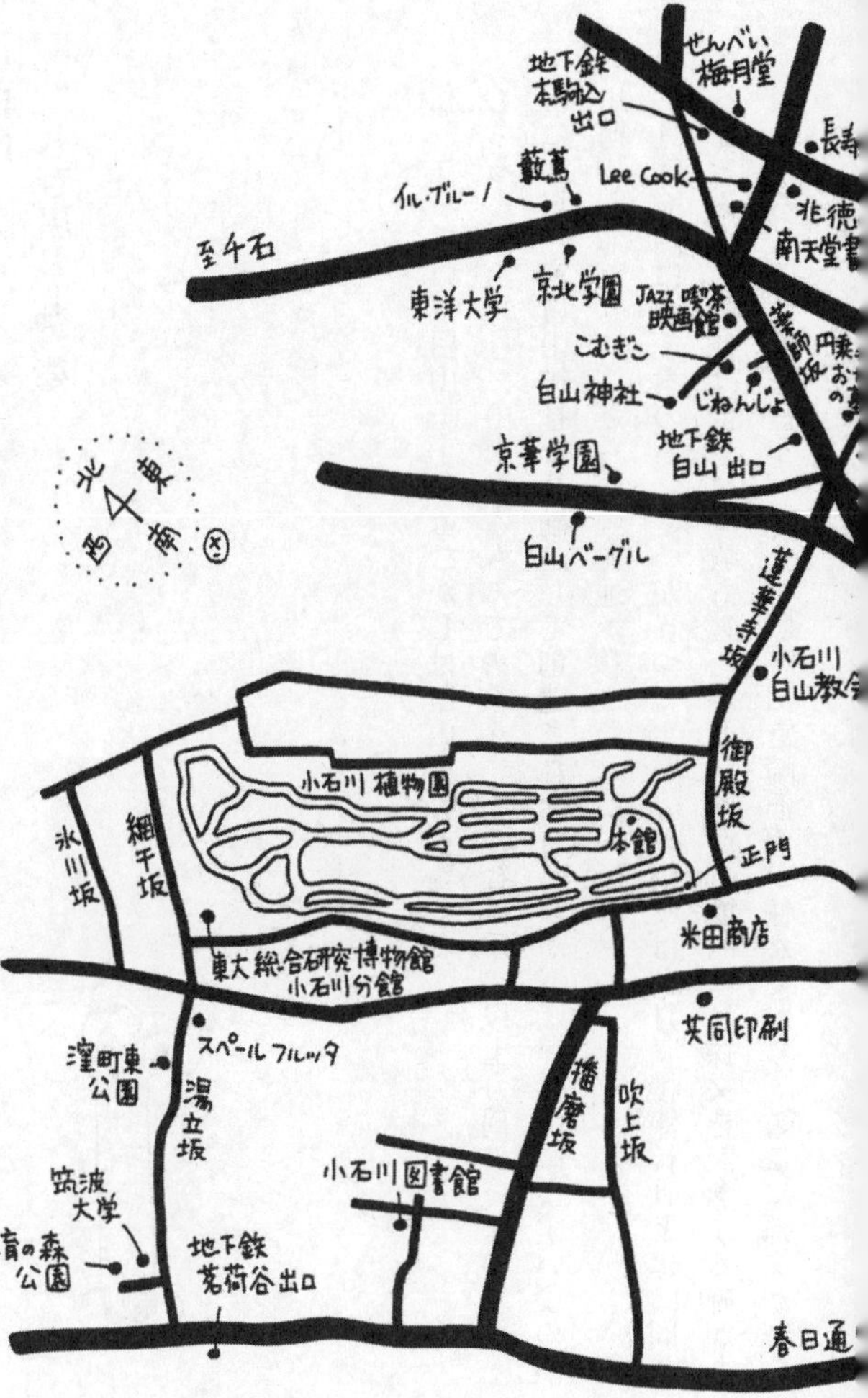
せんべい
梅月堂
地下鉄
本駒込
出口
長寿
藪蕎
イル・ブルーノ
Lee Cook
兆徳
南天堂
至千石
東洋大学
京北学園
JAZZ喫茶
映画館
こむぎこ
白山神社
じねんじょ
地下鉄
白山 出口
京華学園
白山ベーグル
北
東
南
西
蓮華寺坂
小石川
白山教
御殿坂
小石川 植物園
本館
正門
氷川坂
細干坂
米田商店
東大総合研究博物館
小石川分館
共同印刷
スペールフルッタ
窪町東
公園
湯立坂
播磨坂
吹上坂
小石川図書館
筑波
大学
教育の森
公園
地下鉄
茗荷谷出口
春日通

白山

八百屋お七の墓

私が住んでいる白山一丁目はむかしは白山前町といった。もちろん白山神社に由来するものであろう。この社は千年以上も前にいまの本郷一丁目に加賀一宮白山神社より勧請して創建されたらしいが、江戸時代にまずいまの小石川植物園あたりに、さらに現在地へ移った。

六月は境内に三千本のあじさいがうつくしい。お祭りは九月。根津神社とほぼ同じころである。この社は虫歯に霊験あらたかというが、境内には孫文を記念する碑があったりする。明治四十三年、近くの原町に宮崎滔天が住んでおり、ここに孫文が身を寄せ、白山神社境内の石に腰をかけて中国の未来を語り合った。そのとき空にひと筋の光芒。これが五月十九日のハレー彗星ではないかという。これを見たと私に教えてくれたのは、哲学者の古在由重先生と建築史家の藤島亥治郎《がいじろう》先生だった。

その近くに東洋大学があって境内が近道のためか、神社から若者がわいて来るように見える。神社の門前では、「こむぎこ」というスパゲッティ屋さんがおいしい。ボリュームもたっぷりで、すっかり町に根付いている。

もうひとつ、白山通りに近いところの「映画館」というジャズ喫茶には大きな手作りスピーカーがあって、ジャズファンの聖地だ。私はここで皿うどんをつまみに焼酎やカンパリソーダでジャズを聞く。おしゃべりばかりする客には来てほしくない店だ。マスターは元映画監督だというが、自分を語らないなぞの人物で、ときどき詩の朗読会も催している。

さて東洋大学の創始者の井上円了は越後生まれ、東洋思想を研究して、明治二十年湯島に哲学館（のちの東洋大学）を開き、妖怪博士としても知られた。中野の哲学堂も円了の創設。今、インド哲学や中国哲学は人気学科とか。東洋大学の正面には「こむぎこ」の姉妹店「イル・ブルーノ」もあって、こちらはイタリア料理店。

この辺りはむかし小石川原町といって、江戸時代は土井大炊守の屋敷だったようだが、明治以降は東大の教授が多く住む。例えば人類学者の小金井良精、西洋史の箕作元八、化学者の桜井錠二とか。小金井の妻は森鷗外の妹の喜美子で翻訳家、歌人としても知られ、その孫の星新一もこの辺のことを書いている。鷗外の長男の森於菟もここに住んだ。

また白山上に戻る。ここは五叉路になっていてわかりにくいが、一番にぎやかな商店街はむかし薪町通りといった。寛永寺の御林から一日千駄の薪を出したというのだ。槇町ともいう。この通りは白山通りと本郷通りの市電の乗り換えでにぎわい、丸の内の赤レンガ街をまねて、ここも一丁倫敦《ロンドン》といわれた。

ここに南天堂書房がある。代替わりこそしたが、大正時代からあって、この二階の喫茶店はアナキストのたまり場だった。大杉栄、辻潤、宮嶋資夫、岡本潤、壺井繁治、萩原恭次郎、その他中條百合子や吉屋信子も来た。そういえば岡本や同じく詩人の小野十三郎は東洋大学の学生だった。この辺で「白山詩人」なる同人誌を出していた人もいる。

本郷通りの交差点は向丘二丁目交差点というが、このあたり私が子どものころは肴《さかな》

東洋大学
井上記念館
東洋大学創設者にして妖怪学者
井上円了

町《まち》とよんでいた。角の三井住友銀行のところは映画の駒込館があって、その昔、徳川夢声が弁士で出ていたという。その前の長寿庵も古いそば屋。具の多い冷やしそばを頼んで、昼間から辛めの冷や酒を土曜日の午後などに楽しむ。

この辺本郷の寺町で土曜の午後は法事が多い。黒い服の皆さんの一族再会ぶりも見ているとこちらまでうれしくなる。

もひとつの角、中華料理兆徳もだいすき。サラリーマンから近所のおばちゃん、道路工事の地下足袋の人、学生さんと客を選ばないいいかんじ。私は、昼間は地鶏そば、夜は餃子に砂肝の胡椒いためにビールと決めてる。ここのマスターはいつも、センセイ、また中国どこいった？　ときく。誰にでもセンセイ。そして決して政治的なことはいわない。洛陽の出身だそうである。

昼間は銀行で用を足し、郵便局で用を足し、文房具屋でホチキスの針を買い、そうすると何となく兆徳に寄りたくなる。店主の笑顔と一生懸命熱い中華鍋を強火で揺すっている職人さんの後ろ姿、メリヤスのシャツにすけて見えるしっかりとした背骨が見たい。働いている人を見ると自分も働きたくなる。楽して儲けている人に近づくと勤労意欲が萎える。食べおわるとさあ、と立ち上がって、夕飯の買い物をして、家に帰る。

白山で大事なことを忘れた。浄心寺坂の下に円乗寺があって、そこに八百屋お七の墓がある。三基あって右側は「伊達娘恋緋鹿子」の八百屋お七を当たり役とした岩井半四郎が建て、中央はお寺が、左側は戦後の二百七十回忌に町の有志が建てた。天和二（一六八二）年の大火は向丘の大円寺から出火して深川まで焼けた。このとき、八百屋お七の家も焼け、円乗寺（一説には吉祥寺）に避難。そこでお七は寺小姓吉三に恋をする。また火事になれば会える。会いたさ見たさで自家に火付けをして市中引き回しの末、火あぶりの刑になった。

幼稚といえば幼稚な話だが、井原西鶴『好色五人女』などに描かれ芝居にもなった。ビルの谷間の寺であるが、お詣りが絶えない。もっとも私が夜中タクシーに乗って、「あの、八百屋お七の墓のある円乗寺の坂を上ってください」というと、運転手さんはぎょっとして振り返る。お七はお岩じゃないんだから、化けて出たりしないってばさあ。

続・白山

一葉「にごりえ」の舞台

樋口一葉のことを考えるとすぐ、下谷竜泉とか本郷と思いがちであるけれど、私は自分の住む白山で何となく一葉のことを考えながらぶらぶらする。というのは坂を下って左手に入ると白山通りの旧道で、車がびゅんびゅん行き交う新道と違い、昔ながらの八百屋、魚屋、焼き鳥屋、寿司屋が並んでいるのだが、この近くに「にごりえ」の舞台となった、白山三業地をしのばせるようすがひっそりと残っているのである。

三業とは料理屋、待合、芸者置屋のことをさし、白山は東京でも二流半といったところか。

そこには細いどぶのあと、アオキやヤツデの植わった木造の建物、屋号を記した看板や彫り物のある欄干など、まぎれもなく花街であった名残が今もかすかに見てとれる。私は一葉を研究的に読むようになって二十年以上、たまにこの町を通ってみるが、いくつかの建物は消えた。今が最後であろう。中には人の住まなくなった料亭を借りてすてきに住みこなしている人がある。こういうのは壊さずに、日本文化を愛好する外国人向けのB&Bなどに改造したらどうだろう。

樋口一葉が下谷の竜泉寺町から最後の住居となる本郷丸山福山町四番地に移ったのは明治二十七年五月一日であった。「文学は糊口のためのものにあらず」として吉原近くの大音寺前で荒物屋を開いてみたものの、素人商売はうまくいかず、十カ月ののちに再び古巣、本郷の守喜なるうなぎやの離れに越す。

ここは家の下に池があったからさぞ湿気て、一葉の体には障ったのではないかと思うけれど、風情はあって日記を「水の上」と名付けた。ここで、一葉は亡くなるまでの短い間に「たけくらべ」「にごりえ」「十三夜」「大つごもり」などの名作を書き、「奇跡の十四カ月」と言われる。

ことに「にごりえ」は家の近くの白山の銘酒屋街、場末の売春窟に働くお力はじめ、底辺の女たちの虚無性を描いた。お力には思う男、布団屋の源七がいるのだが、源七も商売がうまくいかず、妻と子供もいて、とても花街で遊ぶどころではない。看板女のお力には結城朝之助という紳士のお客もつくが、お力の世をはかなむ気持ちはいかんともしがたく、結局、この世で添えない男とは心中するしかないのであった。

「人魂か何かしらず筋を引く光り物のお寺の山といふ小高き処より、折ふし飛べるを見し者ありと伝へぬ」という最後の一行に、この辺りの低地がまだ田んぼであり、本郷と小石川の台地の崖沿いに寺が並んでいた様子がよくわかる。

一葉の終焉の地は今や、大通り沿いのビル、紳士服の「コナカ」の前に碑がたっているけれど、まったく過去をしのぶよすがはない。この碑も興陽社という地主の好意によって昭和二十七年に建てられたもの。碑には日記の一部が刻んであり、うらには平塚らいてうや岡田八千代、幸田文、野田宇太郎など肝煎りの人々の名がある。

「家は本郷の丸山福山町とて、阿部邸の山にそひてさゝやかなる池の上にたてたるが有けり」、一度このビルが建て替えの時だったか、本当に裏の崖がむき出しになったのを見て、日記の通りだと感じ入ったことがあった。阿部邸とは広島の福山藩の藩主の屋敷で、阿部家からは例のペリー来航時の老中阿部正弘を出している。だから一葉

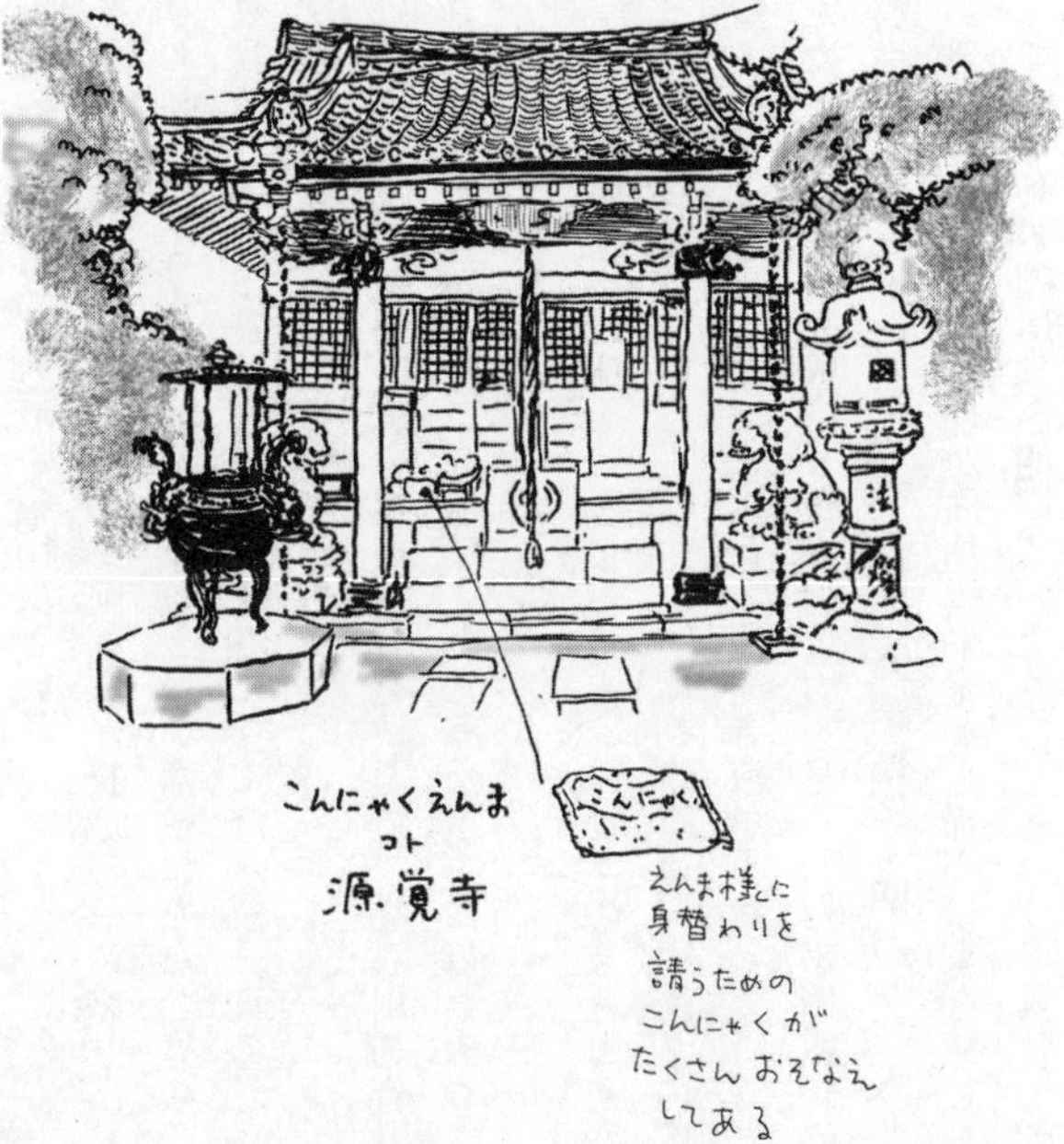
こんにゃく
こんにゃくえんま
コト
源覚寺
えんま様に
身替わりを
請うための
こんにゃくが
たくさん おそなえ
してある

旧居の裏の方にある坂を福山坂という。

その屋敷跡は明治になって阿部家が貸地経営に乗り出したころには西片町となった。私の通った小学校は誠之小学校といい藩校にちなむものである。佐佐木信綱、上田敏、夏目漱石、寺田寅彦なども西片町に住んだが、一葉の思慕の人、半井桃水も一時は西片町にいて、一葉と行き来があった。

さて終焉の地から広い白山通りを挟んで、小石川初音町、少し前まで地名を示す初音湯が残っていたがここも消えたようだ。ここは「大つごもり」の主人公おみねの叔父が住んでいたところ。

「初音町といへば床しけれど、世をうぐひすの貧乏町ぞかし」と作品に出て来る。今はそんなことはないし、だいたい旧初音町は白山通りの広い道路を直すさいあらかたなくなってしまった。そこから善光寺坂を上がって行くと一葉を「三人冗語」でほめたたえ、彼女の死後は一葉顕彰に力を尽くした幸田露伴の旧居。露伴は一葉の山梨慈雲寺の碑文も書き、「一葉全集」の編纂にも関わり、天涯孤独となった一葉の妹くにの力にもなった。露伴が向島蝸牛庵から都心に家を探した時、手引きしたのはこの近くで文房具の礫川堂を開いていたくにだという。露伴の死後ここは娘の文が住み、その娘の青木玉さんが「小石川の家」を書かれた。

白山通りより一本裏の千川通りもさいきん再開発でマンションばかりになってきて、柳町の商店街も風前の灯といった感じであるが、一葉のお参りしたこんにゃくえんまは健在だし、その隣の大亜堂書店も昔ながらである。

また白山通りを横切り、韓国工芸品のある喫茶店「ギャラリー吉永」でコーヒーを飲み、これも一葉日記に出て来る空橋《からはし》を通って帰るのが私の散歩道、健脚な方は十代の一葉が住んでいた、本郷菊坂下道の家までも近いのでどうぞ。

小石川植物園

江戸時代のお薬園

私が今住むところを離れられないのは、谷中や根津に友だちが多く、路地を歩いて猫とじゃれて、銭湯ののれんをくぐることがやめられないのもあるが、昼は昼とて、散歩の範囲に上野公園、六義園、古河庭園、東京大学、小石川後楽園、そして小石川植物園という緑地があるからだ。

朝早く起きて五、六時間仕事をすると、昼前には片付く。隣りの米屋で湯気のたつおにぎり二つ買って、坂を下りる。

白山下から広い蓮華寺坂を上がる。途中に白山教会があり、塔が青空に映えている。

その先に以前最高裁判所書記官研修所があったが、東洋大学に売却されたらしい。とはいえ、昔よく遠足で来たときとまったく変わらない地形。下るのは御殿坂。植物園は白山御殿といったから。古い話なのである。

ここは白山神社の故地であった。江戸時代、三代将軍家光の息子、館林宰相綱吉の屋敷になって、白山御殿と呼ばれた。ところが綱吉は兄家綱に跡継ぎがなかったため、なりゆきで五代将軍になった。最初はいい政治を行ったが、やはり跡継ぎがないことに苦しみ、生類憐みの令まで出したが、効能なく、「犬公方」の悪名を背負って死ぬ。

綱吉が江戸城に入って空いた御殿あとにできたのが小石川御《お》薬園《やくえん》、幕府直轄の漢方植物の園である。こちらも経緯がややこしい。三代将軍家光の時、麻布御薬園と大塚御薬園が作られた。ところが、綱吉の生母桂昌院が大塚御薬園のところに護国寺を建ててしまい、麻布御薬園だけが残る。後にこの御薬園を移して、小石川御薬園とした。これが八代将軍吉宗の時に拡張されて、四万四千八百坪にまでなった。

漢方の薬草を栽培・採集する薬園があって、ここで大奥のお女中たちの化粧に使うへちま水が年一石五升（百八十九リットル）とれたという史料もある。それだけでなく、施薬院、つまり庶民の病気を診る養生所として整えられる。ここを舞台にしたのが山本周五郎の「赤ひげ診療譚」で、その映画化が黒澤明監督の「赤ひげ」。そのモデルは伝通院前の町医者小川笙船《しょうせん》という人。小川がその当時使った井戸が残っている。

現在、東京大学大学院の理学系研究科附属植物園として公開されている。まず入り口のパン屋さんで三百三十円の券を買う。入り口で見せる。私の好きな順路は入って左手の池の多い湿地帯を歩いてから崖を上がって行く。

小石川の台地から低地にかけての高低差がおもわぬ景色を見せてくれる。クルミ、タラヨウ、ハンノキ、メグスリノキ、ウメ、ハギ、コナラがわりとまとまって植えてある。最近植物に急に興味がわいて、子供の頃は池でザリガニを捕るのに夢中だったのが、ひとつひとつの木の名前、枝の模様、葉の形などをながめてたのしむ。永井荷風の「おかめ笹」ってこういうものだったのか、と感心したりして。疲れたらベンチを見つけておにぎりを食べる。小さなポットに番茶も入れてきた。

雨上がりのぬれた葉の美しさ、風にそよぐ葉裏から見る日の光、もくもく盛り上がる入道雲、木の間に見えるビル、ほんとの穴場。

向こうに赤い古い建物が見える。旧東京医学校本館、森鷗外らが学んだ建物であろうか。本郷から移築された擬洋風建築で、国の重要文化財となっている。これはいま

植物園内にあるアールデコ調の建物

東京大学総合研究博物館小石川分館ということで木、金、土、日、祝日に無料で公開されている。

ここで植物園を出てしまうと再び入場はできない、それが不便だ。それで、私は先ず石段を上がって上の園内を一巡してからにする。ここの崖地で内科医ベルツの歓送会が行われたときの壮大な写真を見たことがあるが、ツュンベリーの松とか、関東大震災記念碑とか、青木昆陽がここで甘藷の試作をしたところとか、養生所のあととか、見るべきものは多い。桜のころもすばらしい。

入り口近くの植物園本館の建物もアールデコというのか、戦前のすっきり魅力的な建物。再び坂を下りると左側に昔と同じパンパスグラスが勢いよくのびていてほっとする。それから歩いてまた博物館へ。高台には瀟洒なマンションが増えてきたけれど、この下の道にはあいかわらず印刷工場がひしめき、輪転機の音がする。共同印刷も近く、昔は「太陽のない街」と言われた。徳永直の同名の小説もある。窪町という名前もまさにその通りの地形。

ここに「スペールフルッタ」なるおいしいアイスクリーム屋さんあり。北海道産の牛乳と季節の果物で作った添加物のほとんどない手作りのアイスクリーム。コーンに入れて二種類三百五十円、雨の日だから五十円引きですとのこと。

さて帰ろ。こんどは網干坂を上って、この先は本当に迷路。とにかく右に右に、と方向さえ間違わなければ、また白山通りにでる。京華女子中学高等学校の建物もすばらしい。広い道をはさんだ「白山ラーメン」の前に夜は行列ができる、夕食にはまだ早い。「白山ベーグル」でお休み。

シンプルな店内から町を眺めながら雑誌など読むのも、しあわせな時間である。

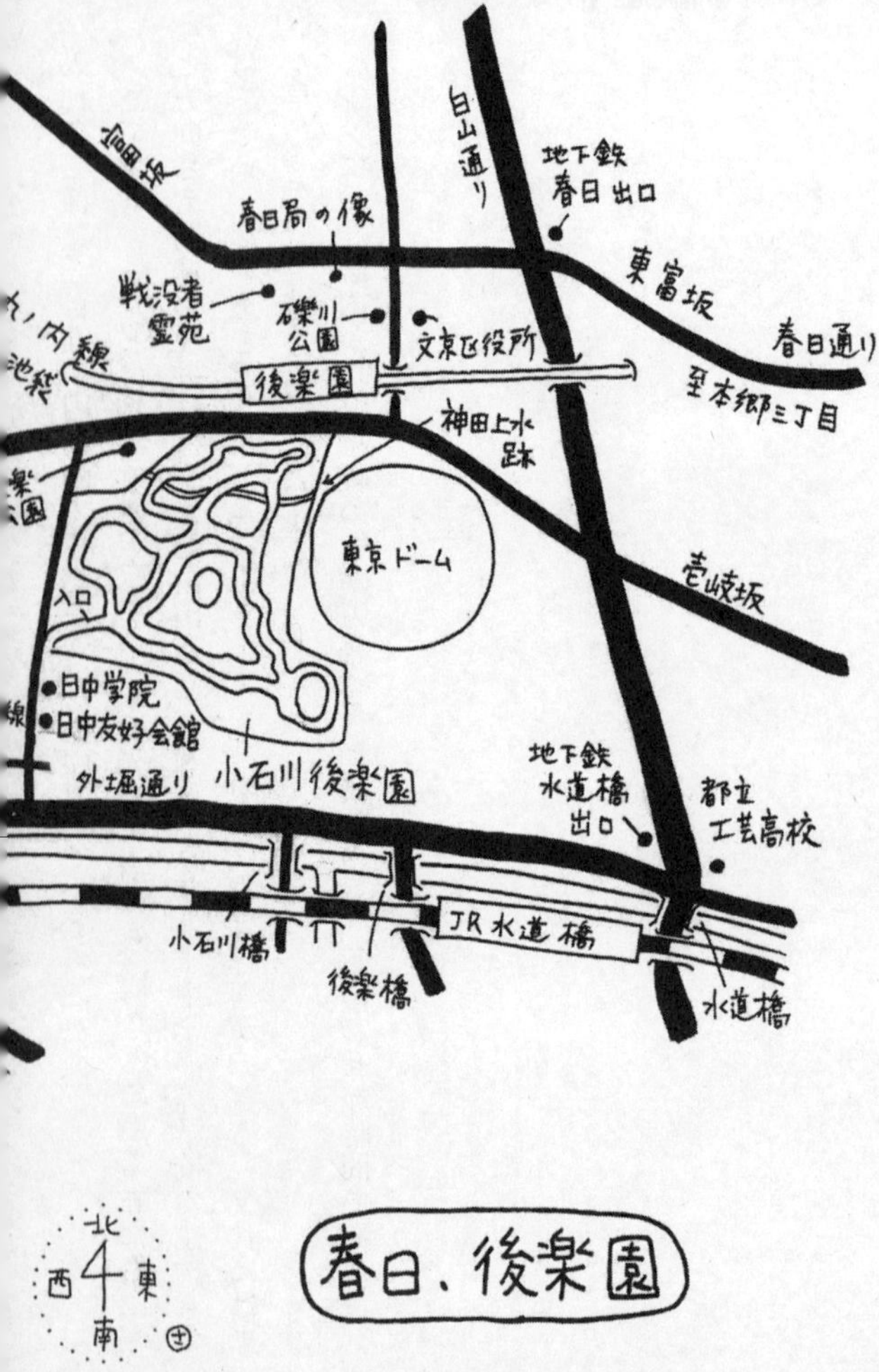
富坂
白山通り
地下鉄
春日出口
春日局の像
東富坂
戦没者
霊苑
礫川
公園
文京区役所
春日通り
ノ内線
後楽園
至本郷三丁目
神田上水
跡
東京ドーム
壱岐坂
入口
日中学院
日中友好会館
外堀通り
小石川後楽園
地下鉄
水道橋
出口
都立
工芸高校
JR水道橋
小石川橋
後楽橋
水道橋
北
西
4
東
南
春日、後楽園

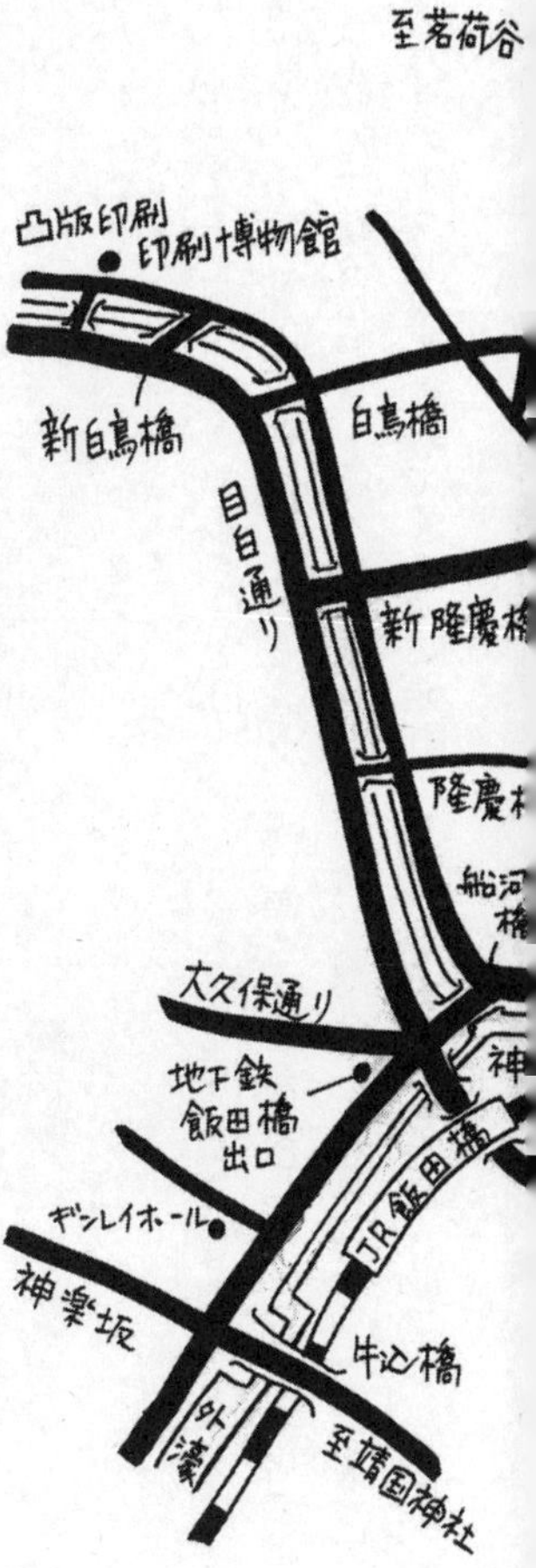
至茗荷谷
凸版印刷
印刷博物館
新白鳥橋
白鳥橋
目白通り
新隆慶
隆慶
船河
大久保通り
地下鉄
飯田橋
出口
神
JR飯田橋
ギンレイホール
神楽坂
牛込橋
外濠
至靖国神社

春日・後楽園

激動の歴史をみてきた園

年とともに地下鉄の階段の上り下りがつらくなって、しかしまだエレベーターで昇降というのもはばかられ、このところバスに乗ることが多い。ことに台東区では「めぐりん」なる小型レトロバスが楽しいし、隣りの文京区は負けじと「B-ぐる」を走らせた。文京区をこれでぐるぐる走れということなのかな。

早速これで、小石川後楽園に行ってみる。ここは都の公園だが、ものすごく広いの に入り口はひとつ、そこは都営三田線春日駅、東京メトロ丸ノ内線の後楽園駅から八分かかる。中も歩くのだから、入り口の前に到着するB-ぐるのありがたいこと。地下鉄なら都営大江戸線の後楽園駅の方がまだ近い。

小石川後楽園は水戸徳川家の上屋敷の庭園である。藩祖徳川頼房は家康の十一男だった。水戸藩は最初二十五万石で尾張、紀州より少ないながら、将軍を補佐する天下の副将軍とされた。

徳川頼房がここに移ったのは寛永六年で、将軍家光の庇護のもと、伊豆の巨石を取り寄せ、庭師徳大寺左兵衛を呼び、回遊式築山泉水庭園を完成させた。神田上水を引き入れ、全国の名勝を縮景してちりばめた。これを引き継いだ光圀も六歳のとき世子となりここに住んだ。伯夷・叔斉の物語に感銘し得仁堂を建ててこれをまつるとともに、明から来た朱舜水の提案で、中国の名所廬山や西湖なども取り入れ、起伏に富んだ名園を作り上げた。そんなことをボランティアガイドの方が時間ごとに案内してくれる。

国の特別名勝、特別史跡の両方に指定されているが、これは浜離宮や金閣寺など全国で九つしかない特別待遇だという。命名は宋の「岳陽楼の記」にある先憂後楽、天下のことを世の人に先んじて憂え、人より遅れて楽しむ、という故事からきている。これを掲げた唐門はこの前の戦争で焼けてしまった。安政の大地震のときはここで儒者藤田東湖が圧死しており、その碑もある。藤田東湖は水戸の儒者藤田幽谷の次男として水戸に生まれた。藩校彰考館の総裁代役を務め、跡継ぎ問題では徳川斉昭を推した。地震の時、火鉢の火を消そうと再び家の中に入った老母を庭に放り出し、自分は家の下敷きになったという。享年五十。

また幕末の水戸藩は内訌によって混乱した。井伊直弼の暗殺、水戸天狗党の乱、そして最後の将軍慶喜は水戸藩の出身で、ここで生まれた。

そのような激動の歴史を見てきた庭園である。

明治になって一部は東京砲兵工廠になったが庭園の主要部分は残された。砲兵工廠の部分は今の東京ドームや後楽園遊園地になった。

隣りに日中友好会館があり、ここの「豫園」という店の中華料理は本格的である。留学生の宿舎でもあるが、太極拳や中国語の講座などもやっている。

戻って後楽園の駅。文京区役所の庁舎の反対側に礫川公園があり、その奥に、東京

園内の
円月橋

都戦没者霊苑がある。ほとんど知られていないし、訪れる人も少ない。そもそも正面からはいれないし、はいってもよくわからん。コンクリートの柱が立っているだけで、鎮魂の碑はあるものの趣旨はほとんど不明。ここで戦没者というのは戦死者のことで、空襲で亡くなった人は、関東大震災の犠牲者とともに墨田区横網の慰霊堂のほうで慰霊しているらしい。霊苑資料室にも人影がなく、遺品が並べてあるだけ。

いわゆる昔の公共建築らしく、事務室と研修室だけ広い。目立つのは滝のような流水に防腐剤がはいっているので飲んではいけませんという貼紙と、ここは霊苑なので中で犬の散歩やキャッチボールはしてはいけませんといった、いかにもお役所的な文言だけだった。オリンピック誘致などに血道を上げて金を使うくらいなら、もう少しベルリンのホロコースト記念館並みのちゃんとした記念館を建て、資料も本気で集め、沖縄県がやっているように戦死した一人一人の名前を石に銘記するくらいのことをしなくてはいけないのではないか。

口先だけで、過ちは繰り返しませんからなんていうだけではだめだ。話題になるくらいの、気を入れた建物をつくってはじめて、ここに外国人観光客も若い人もくるだろう。関東大震災や空襲でなくなった行方不明の遺骨を慰める墨田区の東京都慰霊堂というのがまたなんともやる気のない、薄暗い建物なのである。建物は伊東忠太の歴史的建造物のほうは保存改修するとして、別にちゃんとした記念館を建てて、もっと関東大震災や東京大空襲についてきちんと展示したいものだ。長崎も広島も内容のある記念館を作って、戦争を知らない世代も、外国人も訪ねやすいようにしているのだから。私はヨーロッパで会う人ごとに、ヒロシマ、ナガサキについて聞かれたが、東京で、一晩で、十万人以上がアメリカによる空爆でなくなったことを知っている人はいなかった。知らせる努力をしていないのだ。

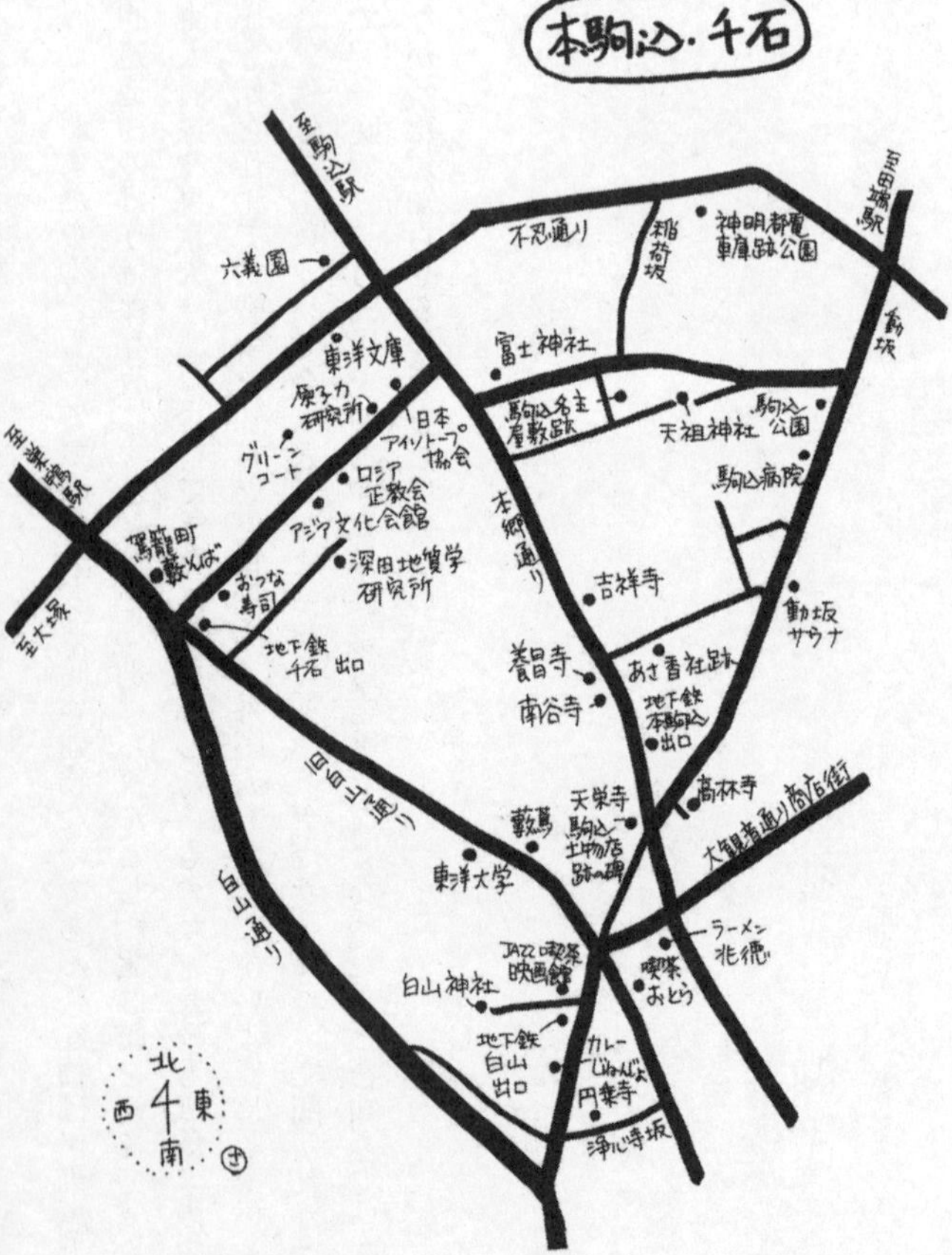
本駒込・千石
至駒込駅
至田端駅
六義園
不忍通り
稲荷坂
神明都電車庫跡公園
動坂
富士神社
東洋文庫
原子力研究所
日本アイソトープ協会
駒込名主屋敷跡
天祖神社
駒込公園
駒込病院
至巣鴨駅
グリーンコート
ロシア正教会
アジア文化会館
本郷通り
駕籠町藪そば
深田地質学研究所
おつな寿司
吉祥寺
動坂サウナ
至大塚
地下鉄千石出口
養昌寺
あさ香社跡
南谷寺
地下鉄本駒込出口
旧白山通り
高林寺
天栄寺
駒込土物店跡の碑
大観音通り商店街
東洋大学
白山通り
ラーメン兆徳
JAZZ喫茶映画館
喫茶おとら
白山神社
地下鉄白山出口
カレーじねんじょ
円乗寺
浄心寺坂
北
西
東
南

本駒込

吉祥寺とお富士さん

旧本郷区は駒込と頭につく地名が多くて、私の生まれた家も駒込動坂町といった。いや生まれたのは都立駒込病院。小さいときは口が回らなくて、「こまもげ」といっていつも大人たちに笑われていた。現在の本駒込という地名は新しく出来たものである。

南北線という新出来の地下鉄も好きではない。とにかく深い。そのうえ設計が悪くて、なんだかぐるぐる歩かされ目が回る。だけどこの駅には図書コーナーがあるので、読みおわった本を置きにいく。

本駒込の駅のあたりは昔は肴町といった。駅を出たあたりに高林寺という寺があり、大阪で適塾をやっていた緒方洪庵の墓がある。福沢諭吉も橋本左内も大村益次郎もみんな適塾で学んだ。洪庵は幕末に江戸に奥医師として招かれ、過労が原因で、文久三（一八六三）年死去、五十四歳だった。その十二子、緒方収二郎というのが森鷗外の学友で、「雁」の岡田のモデルだという。それだからか、高林寺の洪庵の碑文は鷗外が書いている。

その反対側に「駒込土物店跡の碑」が建つ、神田、千住と並ぶ三大市場。いまでいう青果市場、ヤッチャ場だ。いまの本郷通り、岩槻街道を大八車で野菜を運んで来た人々がここでセリをやった。江戸城で用いる野菜などもここで仕入れたという。ことに駒込なすびが有名だった。

そこから駒込駅方向へ本郷通りはゆるやかに下っていき、高い建物も少ない。左側に目赤不動の南谷寺がある。これは江戸五色不動の一つ。あと目黒（瀧泉寺）、目白（金乗院）は地名に残るが、目黄は三ノ輪の永久寺、一説に江戸川平井の最勝寺、目青は世田谷の教学院である。

本駒込駅前
がんばれ梅月堂

目赤不動はじつはいまの都立駒込病院の下にあった。だから不動の不の字がとれて動坂となったわけなのに、当のお不動様の方は江戸のころ、すでに現在地へ引っ越していた。こういうことはよくあって、谷中にも善光寺坂（根津交差点から根岸方向へ上っていく坂）はあるが、その由来の善光寺は青山に越していまはない。

南谷寺の先の養昌寺には、樋口一葉の思慕の人半井桃水の墓がある。恋人とか愛人とかいうより思慕の人、ゆかしいなあ。半井家代々の墓と刻まれ無縁となって久しいが、訪ねる人が多いので大事にお守りしています、とお寺の方に聞いた。

その先が曹洞宗の大寺吉祥寺。学問所旃檀林でもあって千人の学僧がいた。ここには二宮尊徳や榎本武揚のお墓があり、入口にお七吉三の比翼塚もある。墓域を検していたら幕末の老中板倉松叟（勝静）、儒者桃井可堂（儀八）、歌人川田順、いろんな碑に出くわす。森鷗外の最初の妻赤松登志子もここに眠り、鷗外はお参りしていたはず。吉祥寺の町方衆は西の方に越し、いま中央線沿線吉祥寺に名を残すが、寺そのものは動かなかった。その手前の横丁を入ると「あさ香社」跡。落合直文の起こした歌の結社で地名浅嘉町にちなむ。若き日の与謝野鉄幹も上京してここで歌を学んだ。

子どものころ、鎮守の天祖神社のお祭りと駒込のお富士さんの山開きに通った。江戸では富士講がさかんで、あちこちに富士塚が築かれた。ここにもかなり高い山を築き、富士浅間神社がつくられた。もとあったのはそれこそ元富士、いまの東大の構内である。本富士警察署というのは、全共闘が東大安田講堂に立てこもった一九六八、六九年には、よく新聞やテレビに登場する名だったのだけれどね。

富士神社は本郷からいまの駒込に引越し、五月末の山びらきには本郷通りにずらりと草市が出て、縁起物の麦ワラヘビや麦こがしを売っていた。

麦ワラヘビは水の神さまで家の蛇口にまつるとよいのだという。夏になると浴衣を着て、しぼりのついたふわふわの三尺帯をしめ、あの急な富士塚の石段を上ったことを思い出す。

千石　さよなら三百人劇場

私の住む白山は、地下鉄は三田線と南北線の二つが使えるし、周囲にカレー、焼鳥、トンカツ、そば、天丼、スパゲティ、すし、と一通りはおいしい店がそろっている。おまけに深夜までやってるファミレスやチェーンの居酒屋もある。ジャズバーもある。で、朝、日の出と共に起きて午前中には仕事をすませ、昼ごろは銀行、郵便局、生協とたいてい町をうろうろするのだが、ちょっと気分転換したいときは、隣町千石まで歩いていく。

千石は千川と小石川を安易につなげてつくった新興地名。江戸時代は駕籠町《かごまち》といっ

て駕籠つくりの職人のいたところだ。不忍通りと白山通りの角に小石川高校があるくらいの地味な町だったが、この二十年ほど〝おしゃれ〟に変化しつつある。たどる道順でいえば、東洋大学の前にある「藪蔦《やぶった》」の手打ちそばが昔風だ。店内の雰囲気も親父《おやじ》のガンコさも、団子坂の藪《やぶ》を伝えているのはもしかしてここではないかと思う。

東洋大学の裏の路地

東洋大学は印度哲学や中国哲学で有名だが、もともと井上円了というお坊さんが湯島の麟祥院（春日局のお墓のある寺）で開いた哲学館に始まる。妖怪博士としても名高かった円了の弟子が、この辺りの京華、京北、郁文館などの学校も開いた。ちなみに大正アナキスト詩人岡本潤や小野十三郎、作家野溝七生子なども東洋大学で学んでいる。

そして旧道と新道の合わさる右手に三百人

劇場があった。ここが劇団昴《すばる》の定打ち小屋として出来たとき、私はOLになりたてだったが、とてもうれしかった。自分の町に劇場がある。さっそく定期会員になりイプセンやノエル・カワードの芝居を見に通ったが、このところは芝居より映画を見ることが多かった。夏の二カ月は中国映画の名作をすべて見せます、という意気込み。十回券一万円。「菊豆」や「芙蓉鎮」、「青い凧」から「魯迅伝」、「阿片戦争」まで百作品が見られた。ところが三百人劇場、建物の老朽化が目立つということもあって二〇〇七年に閉館。残念。

この前にある「おつな鮨」のいなり寿司は最高だ。よく煮汁のしみた揚げをひっくりかえした、ほのかにゆずの香のする、ジューシー(?)なおいなりさん。かんぴょう巻きの甘さも絶妙だ。

この道を先にいくと右手に蔦のからまる「アジア文化会館」。アジアからの留学生が住んでいて、各国文化の紹介にもいそしんでいる。広東語、フィリピン語、ベトナム語、韓国語の講座、太極拳や食療法の講座もあって、営利ではないから財布の軽い人でも参加できそうだ。平日の昼は地下レストランでカレーが食べられる。

その向かいで〝おしゃれ〟に拍車をかけているのが都市公団の文京グリーンコート。

もとは大河内正敏子爵が設立した理化学研究所、うっそうとした森だった。そこが切り拓《ひら》かれて賃貸の超高層住宅ができる計画が持ち上がったときは、景観上の懸念などから反対が多かった。しかし出来てみると都市公団だけに、周辺の緑を残し、民間の営利追求型マンションとはひとつ違うゆとりの佇《たたず》まいだ。

新築のときは大変な倍率だったというが、今はかなり空いている。私も仕事部屋を探して部屋を見に行った。六〇二号室にお弁当持参の女性職員が二人。本当に空きマークが多い。でも五十平米そこそこで十八万七千円は高すぎるなア。窓からは木が見えて閑静だったが、近くに家があるから台所も風呂もいらないし、と断念した。

帰り、一階のイタリア料理店にランチに寄った。地下には郵便局もスーパーもあり、住んだらどんなにか便利だろう。店員が注文をイタリア語で大声でくり返す。他のスタッフが唱和する。客にとってはうるさいだけなのに、彼らは芝居の役者のように余裕たっぷりだ。いまの「おしゃれ」って、ただの自己満足みたい。文京区も旧小石川と旧本郷、坂の上と下では微妙に人気《じんき》がちがう。私はやっぱり山の手より下町の方が気が合う。

巣鴨・駒込・西ヶ原
蝉坂
至上中里駅
旧古河庭園
滝野川小
ことぶき地蔵
女子聖学院高・中学校
聖学院小
北
東
西
南
中里橋
亀の湯
霜降銀座
女子栄養大
琉球センターどぅたっち
駒込銀座通り
中央聖書教会・神学校
染井坂
妙義神社
駒込妙義坂子育地蔵
田端銀座
谷田川通り
アザレア通り
駒込
JR
駒込小
旧丹羽家腕木門・蔵
妙義坂
私の庭・みんなの庭
木戸孝允別邸跡
染井通り
高校
中学校
染井橋
不忍通り
文京学院大女子高校
六義園
巣鴨
徳川慶喜屋敷跡

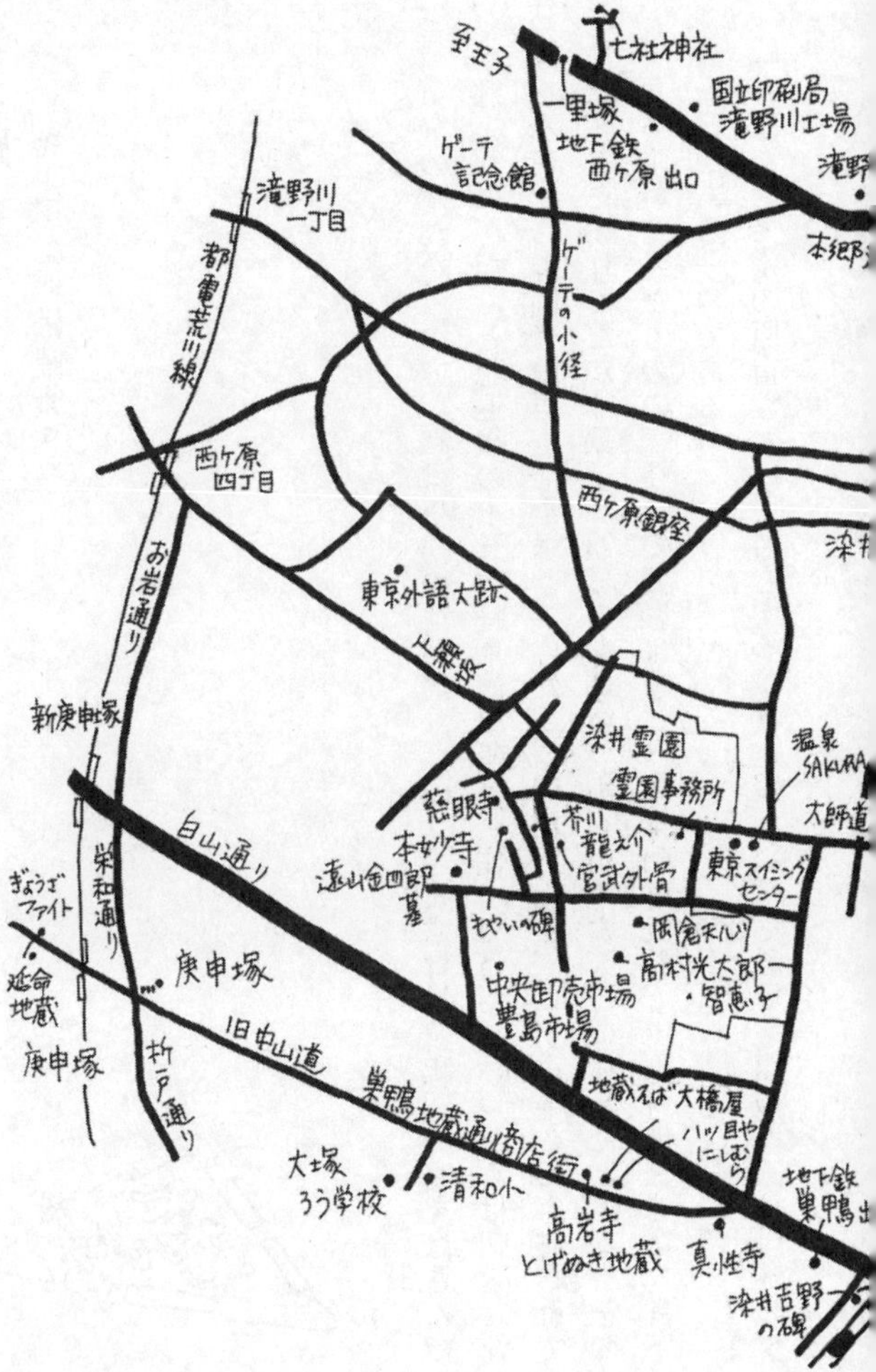

至王子
七社神社
一里塚
国立印刷局
滝野川工場
地下鉄
西ケ原出口
ゲーテ
記念館
滝野
本郷
滝野川
一丁目
都電荒川線
ゲーテの小径
西ケ原
四丁目
西ケ原銀座
染井
東京外語大跡
お岩通り
新庚申塚
染井霊園
霊園事務所
温泉
SAKURA
慈眼寺
芥川龍之介
太郎道
本妙寺
宮武外骨
東京スイミングセンター
白山通り
遠山金四郎墓
もやいの碑
岡倉天心
ぎょうざファイト
栄和通り
高村光太郎・智恵子
延命地蔵
庚申塚
中央卸売市場
豊島市場
庚申塚
旧中山道
折戸通り
地蔵そば大橋屋
巣鴨地蔵通り商店街
ハツ目や
にしむら
大塚
ろう学校
清和小
地下鉄
巣鴨
高岩寺
とげぬき地蔵
真性寺
染井吉野の碑

巣鴨
キーワードは健康？

気分の晴れない夕方、私は巣鴨の地蔵通りへ向う。まずは巣鴨駅、線路をはさんで本郷よりに、なんと隠退後の十五代将軍徳川慶喜が住んでいた。いったんは朝敵となり、水戸から静岡で隠居生活を送っていたが、明治三十年、六十一歳のとき許されて上京、ここに住んだが、鉄道が通るのを嫌い、小石川第六天町に移ったとある。その一角を歩いてみたものの、往時の面影はない。東京朝鮮会館、中国料理知味斎、宮下湯などがある一角である。

「おばあちゃんの原宿」という名もすっかり定着した。それでも四のつく日以外の夕

方は案外ぽかんとすいている。お年寄りは朝が早い。雑踏の去ったあとの、なんとなくさみしい商店街をゆっくりゆっくり歩く。

入り口には真性寺。真言宗のお寺で、江戸六地蔵の一つ。正徳四（一七一四）年の建立で、

しら露もこぼれぬ萩のうねりかな

の芭蕉の句碑がある。そしてこの寺の墓地には森鷗外「北條霞亭」の主人公の墓があるが、漢学者の史伝を読む人は今やほとんどいないだろう。

商店街のキーワードは「健康」かな。血圧を下げる漢方薬、ひざの痛みによいサポーター、のどを快適にするカリン、衰えた眼にはブルーベリーに枸杞《くこ》の実。いまの流行は運と健康をよぶ赤パンツらしい。冬になるとモンペとスラックスを合わせたモンスラなるキルティングパンツを売っている。実は徹夜の仕事はこの暖かいモンスラでキメているのだが、いまは初夏。レースの日傘や紫外線カット帽が目にまぶしい。

右側にはとげぬき地蔵、曹洞宗萬頂山高岩寺。慶長元（一五九六）年、御茶の水に

開かれ、巣鴨に来たのは明治二十四年と古くはないが、夕方でもおばあちゃんたちが観音さまをタワシで洗っている。「人の心に刺さったトゲを取りのぞこう」と、寺は悩みごと相談にも無料で応じている。その塀の外には人気カレーうどんの古奈屋が四時だというのに店じまいの最中。売り切れ、ごめんね。

巣鴨にカモがいるとは聞いたことがない。須賀茂、州処面、菅面、洲鴨なども書いたようで、文政期の史書にはちゃんと巣鴨村と出ている。日本橋より一里半、中山道沿いの郊外の村で、このあたり植木の里である。すなわちもとは農家が、おいおいに江戸市中の大名屋敷・武家屋敷のお庭をつくるようになった。中でも有名なのは染井辺にいた三代目伊藤伊兵衛で、元禄のころ、キリシマツツジの品種改良に成功し、園芸書『花壇地錦抄』をあらわした。

俄雨伊兵衛がとこに御座の時

は将軍世子徳川家重が鷹《たか》狩りの途中、何代目の伊兵衛かは知らないけれど、その庭に立ち寄ったという川柳。染井は菊や楓《かえで》、桜の染井吉野も有名である。その碑も巣鴨

夕立ちの巣鴨
それでも お参りの人は
絶えない。

駅北口前でさっきみつけた。

地蔵通りが旧中山道なわけで、ここを通る旅人は縁側で休み、草花の種を所望した。そこから発祥した種屋の出桁《だしげた》づくりの民家も残っている。

明治に入ると、一帯は三菱の岩崎家のものに。だから、いまだに三菱系の建物が多い。牛乳の普及に従って牧場も多く営まれた。そして巣鴨は薩長藩閥政府の制圧する都心をのがれた人々の抵抗の地ともなった。幕臣田村直臣による巣鴨教会、同じく幕臣新井奥邃による謙和舎、彰義隊士木村熊二が創立した明治女学校（巣鴨時代の校長は巖本善治）があり、社会主義者幸徳秋水は一時、巣鴨平民社を名乗った。

今日は何を食べようか。大橋屋の地蔵そばか。にしむらの八ツ目うなぎも目に良さそうだし。あ、帰りには笹屋の巣鴨健康茶と福々まんじゅうを買わなくちゃ。とたのしいお買いものモード。都電庚申塚《こうしんづか》の線路を越えた「ファイト」の餃子も好きだ。八角のかおり漂い、小判形のキツネ色に焼けたのをガブリ。片手にはビールのジョッキ。何だか少し、心のモヤモヤが消えたような。

駒込
駅裏の魅力

表より裏が好きだ。

裏町、裏路地、裏長屋……裏口入学は困るけど、駅の裏口はいい。山手線でもたいてい西口東口と分かれている中で、新大久保や駒込は表口と裏口がはっきり分かれている。穴蔵のような階段を降り、地下道を通ってガード下へ。

「山手電車四十七―中里第一隧道《ずいどう》」というトンネルがある。踏切も好きだが、トンネルも好き。その壁面に豊島区立第七小学校の子どもたちの絵がある。

「駒込なんていままで降りたことがないなあ」

「だって用がないもん」

とカップルが話している。たしかに表だった用はない。私も久しぶり。

裏口につづく駒込駅前通りはむかしの谷田川の川筋。これを遡《さかのぼ》れば霜降銀座。さらに染井銀座、西ヶ原銀座と狭い道幅でごちゃごちゃ商店街がつづく。このあたりの関東ローム層に降る雨が地下水となり、谷頭から湧《わ》く水を集めて一筋の流れができた。この谷田川のあとが、どこまでも賑《にぎ》やかな商店街になっているのは面白い。川筋は商業路になった。

見覚えのある店もあるが、何か台湾料理や中国料理の店が増えたような。しかし少なくともチェーン店ではない。チェーン店は好きじゃない。どこからどうして流れてきたのやら、といった主人が暗い目を光らせているような店に魅《ひ》かれてしまう。どんなにオトコで苦労したんだろう、しわだらけの手に指輪をはめているようなマダムがいる店がいい。

駅の裏はそんな妄想を許してくれるところ。再びガードをくぐると、おや、和菓子の「中里」がいい感じの木造だったのに、ビルに建て替わっている。ちょっと残念。ここのパリッとした皮であんをはさんだ揚最中はうまい。今日はすでに閉まっている。

駒込駅 スグ
亀の湯
亀の湯

こちら側はアザレア通り。駒込駅のホームから見える土手にはツツジが咲くからですね。ツツジ通りの方がいいのになあ。アザレアという英語名はあまりピンと来ないでしょ。

道はさらに田端銀座へとつづく。そろそろ火点《ひとも》し頃《ごろ》だ。のどが渇いた、ビールを一杯、と思って炭火焼きの店に入ると、「お客さん、何か火の上に乗っけましょうか」と来た。すらりとした応対である。

駒込界隈は本郷通り沿いも何かと楽しい。駅前には古い洋菓子店アルプスがあって、子どものころ、東郷青児の包装紙に包まれたケーキを貰うとうれしかった。本郷通りを南に向うと、柳沢吉保の屋敷だった六義園、二万六千坪の日本庭園で国の特別名勝となっている。春のしだれ桜、秋のもみじの頃は夜間も開園。心字池を見下ろす藤代峠があって、この山は富士山を形どったものかもしれない。

西ヶ原

古河庭園へバラを見に

西ヶ原は、西方浄土を思い出させるいい名である。本郷通りの中央に日本橋からの一里塚があって、どっかりと緑濃い影をつくっている。

この本郷通りは尾根道らしく、そこから分かれる道はみな下へ降りてゆく。どの道もかなり曲がっている。左へ曲がると「東京ゲーテ記念館」。粉川《こがわ》忠氏の集めたゲーテに関する資料がある。なかなか立派な白い建物で、子息の粉川哲夫氏と夫人が守っておられる。

今日は六月のおわり、七社神社で茅《ち》の輪《わ》くぐりをしてこよう。

水無月《みなづき》の夏越《なごし》の祓へする人は
千歳の命延ぶというなり

茅草で作られた大きな輪が立派な社殿の前にある。正月から六月までの半年間の罪《つみ》穢《けがれ》をはらい、無病息災を念じる。この歌を唱えながら左右左と八の字を書いてくぐり抜ける。西ヶ原の氏神様で、土地に住まう渋沢家や古河家がバックアップしただけに社殿も狛犬も大変りっぱ。

近くには国立印刷局滝野川工場があって、要するにお札を刷っているんですね。その隣は印刷局東京病院。農水省の研究所もあり、ここにはその昔、東大総長になった古在由直《こざいよしなお》が住んでいたと、息子の由重先生（哲学者）に聞いたことがある。由直は農芸化学者で、それこそ古河財閥が関係する足尾銅山鉱毒事件では苦しむ農民の側に立って、正確なデータを出した人。

今日は久しぶりに旧古河庭園のバラを見に来た。

子どものころは六義園《りくぎえん》か古河邸か、毎週のように交互に来た。十五坪の長屋育ち、

父は、「あそこがうちの庭だから」というのである。たしかに百二十円払っても、「ここはうちの庭」と思えばいいのだ。
右手にあるジョサイア・コンドル設計の石造りの洋館は、少女の私に西洋というものをイメージさせてくれた。デュ・モーリア『レベッカ』、C・ブロンテ『ジェーン・エア』などを読むとき、脳裏にうかぶのは古河邸であった。あの陰鬱な建物の屋根裏部屋には物語の狂女が隠れ棲んでいるにちがいない、と妄想したものである。
そのころの古河邸は荒れ果てて、フランス窓のペンキもはげ落ち、窓から中をのぞくと、ほこりだらけの床に壊れた籐の椅子が乱雑にちらばっているといった状態。妄想するにはよかったのだが、現在は修復、公開され、みちがえるばかりである。テラス席でアイス紅茶など飲んでバラ園を眺めるのは気持がいいが、コーヒー八百四十円はちょっと高い。だから六百三十円の紅茶。十一時と一時に有料(五百三十円)の邸内ガイドがある。

バラを見ながら石段を下ると大名庭園ではと見紛うような心字池、いやこれは古河氏以前の持主、明治期の陸奥宗光が別邸として作らせたらしく、作庭は有名な植治こと小川治兵衛である。とはいっても、塀の向うにビルがニョッキリ見えたのでは、治兵衛も泣くだろう。少くとも国の名勝のまわりにビルは建てられないような規制をかけた方がいい。後楽園も六義園もまわりはビルだらけ。「六義園を眼下に望む」なんてマンションの広告が入ってくるたび腹立たしい。風景はみんなのものなのに。

石造りの洋館は古河財閥三代目虎之助氏が作らせたらしいが、ご子孫に聞いたところ、別邸であって、賓客のあるときだけ掃除をし、コックを派遣し、といったふうで、日常の住いとしては使われなかったという。まあなんと贅沢なことだろう。

入口に駅までの道順とここから六義園への道順が書いてあるのは二つつづけて訪れる人が多いかららしいが、名園は一つ見れば十分。散歩は途中が楽しいものだから。古河邸の王子寄りの横丁を下ると無量寺に出る。江戸六地蔵の一つ、境内が大変美しい寺だ。

商店街をゆくとそろそろ四時頃、「自家製」の焼き鳥の準備などしている姿にうきうきする。それを通り越すと染井。都の四大霊園の一つ染井墓地には高村光太郎や村山槐多や岡倉天心や二葉亭四迷が眠り、町のあちこちに染井吉野の桜が植わっている。慈眼寺には芥川龍之介の墓もある。

小学生のころ染井墓地の隣り、東京スイミングセンターにはよく来たものだった。そこから金メダリスト北島康介が出るとは思わなかったなあ。北島君のうちは日暮里の精肉店で、学校はうちの近くの文林中学だ、とどうでもいいことを思い出しつつ自転車を走らせていると、モリさあん、と高い所から声が飛んだ。あ、建物保存仲間だ、藤堂家下屋敷の門の調査中だという。このへん、松平家、松浦家、藤堂家など、大名の下屋敷が多かった。市中の上屋敷が火事で焼けたときのため、こうした控えの屋敷を郊外に持っていたようで、その門は驚くほどに簡素であった。

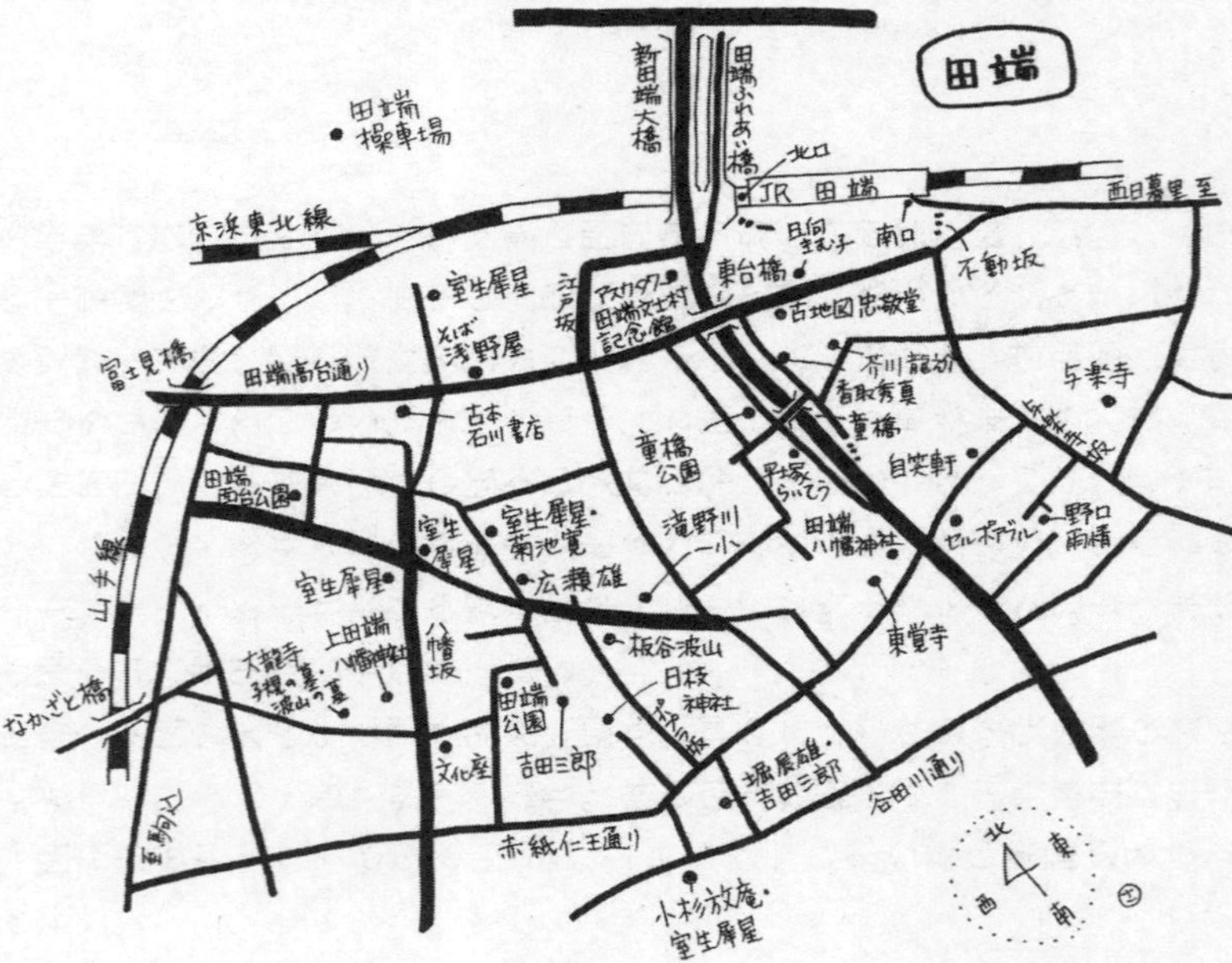

田端
新田端大橋
田端ふれあい橋
北口
JR 田端
西日暮里至
田端操車場
京浜東北線
日向きむ子
南口
不動坂
東台橋
室生犀星
江戸坂
アスカタワー
田端文士村記念館
古地図忠敬堂
そば浅野屋
富士見橋
田端高台通り
芥川龍之介
香取秀真
与楽寺
童橋
古本石川書店
童橋公園
平塚らいてう
自笑軒
田端西台公園
室生犀星
室生犀星・菊池寛
滝野川一小
田端八幡神社
セルポアブル
野口雨情
山手線
室生犀星
広瀬雄
東覚寺
上田端八幡神社
八幡坂
大龍寺 子規の墓・波山の墓
板谷波山
日枝神社
なかざと橋
田端公園
吉田三郎
文化座
堀辰雄・吉田三郎
谷田川通り
至駒込
赤紙仁王通り
小杉放庵・室生犀星
北
東
西
南

田端
農村の面影がのこる町

田端の山にかつて断崖絶壁喫茶店「アンリィ」があった。私はそこでコーヒーを飲みながら、村山槐多《かいた》が、佐伯祐三が、長谷川利行が描いた田端の機関車区を思った。都市の中で、人の賑わいのない、線路や列車や鉄橋の武骨な風景が、なにゆえ若い画家たちをひきつけたのだろう。

田端駅の静かな方の南口、あじさいの不動坂を上っていくと、まだ「月の家」という旅館があった。路地の奥のその家をたずねると、営業しているようでもあるし、していないようでもある。この辺りは明治の富豪日向輝武の邸《やしき》であったところで、その夫人きむ子は蛇を飼い、牛乳風呂に入るような暮しをしていたといわれ、〝田端の蛇御殿〟という伝説を残している。私はその人のことを『大正美人伝』（文春文庫）に書いた。彼女は政治家になった夫の死後、六人の子を育て、林柳波という薬剤師、詩人と結婚してまた二人を生み、林流という踊りの一派を樹《た》てた。近くには「忠敬堂」という、もちろん伊能忠敬にちなむであろう名の古地図の店があって楽しい。

田端駅は長らくちっともかわらない駅だったのに、このところ駅前に超高層オフィスビルだの、ＪＲのホテルメッツだのが建って様変りした。

東台橋を渡る。切り通しは昭和八年になってつくられたものだ。渡ると左手に東京水族館があった。なんだか大層な名前だが、民間の熱帯魚屋さんで、私は子どものころ、グッピーやエンゼルフィッシュや、水槽のポンプを買いに父と来た。そう、田端はわが動坂の隣町、地下鉄も西日暮里駅もなかったころ、田端は文化の薫りのする賑やかな町であった。私は動坂から田端駅へ行く道にある輸入チョコレートの店やレコード店で目を輝かしていたものである。

いま駅前の高層ビルに北区立の「田端文士村記念館」が入っている。ここは明治三

田端　東覚寺
赤札
ベタベタ
の
仁王さま

十年代に小杉未醒《みせい》（のちの放庵）が住みついて以来、板谷波山《はざん》、香取秀真《ほつま》、吉田三郎、芥川龍之介、室生犀星、野口雨情、堀辰雄、菊池寛、平塚らいてうほか、文士やアーティストが密集して住んだ土地である。いっぽう田端を歩くと、市外北豊島郡滝野川村字田端という農村であったころの面影をのこすのびやかな空、生け垣、庭、寺がある。正岡子規は俗塵《ぞくじん》うずまく市中の寺を嫌って田端大龍寺に葬られた。

この高台に昔、恋人が住んでいた。六畳一間の下宿を出て、夕焼けの道でバドミントンをした。二人で銭湯三宝湯へ行き、帰りにレバニラ炒めでビールを一杯やっていると、店のオヤジが「売れないころの渥美清がよく来たよ」というのであった。彼の下宿の隣りは芥川の府立三中（現・両国高校）の師・広瀬雄の家で、そのままでご子孫が住んでおられた。またその隣には「田端は田舎である／藁《わら》、枯草、煤煙《ばいえん》、砂ほこりなど　みな温かさうに／こんもりとする春さき」と歌った詩人、室生犀星が住んでいたはず。なんともなつかしい思い出である。

くちなし匂う八幡坂を下って右へ行くと子規の墓のある大龍寺。まっすぐいくと文化座アトリエ。佐々木愛さんが看板女優だ。ときどきアトリエ公演がある。そのまま田端銀座で買物をしてもたのしいけれど。左へ曲がってずっと行くと赤紙仁王の東覚寺。自分の痛いところに赤紙を貼り、願をかけるので、かわいそうに仁王様は体中赤い紙で覆われて苦しそうだ。

反対側の道を入って右、「塩と胡椒《こしょう》」という名の洋食「セルポアブル」で今日は一休み。ワインで地鶏のソテーをいただく。

「古い方が少なくなりましたね。うちのおばあちゃん浅賀よねは八百屋で、芥川さんちに野菜をお届けしたそうですよ」

斜め前が芥川が結婚式をあげた有名な料亭天然自笑軒あと。浅賀、浅香という表札の家が田端に四十何軒ある、というのも、農村の名残らしい。

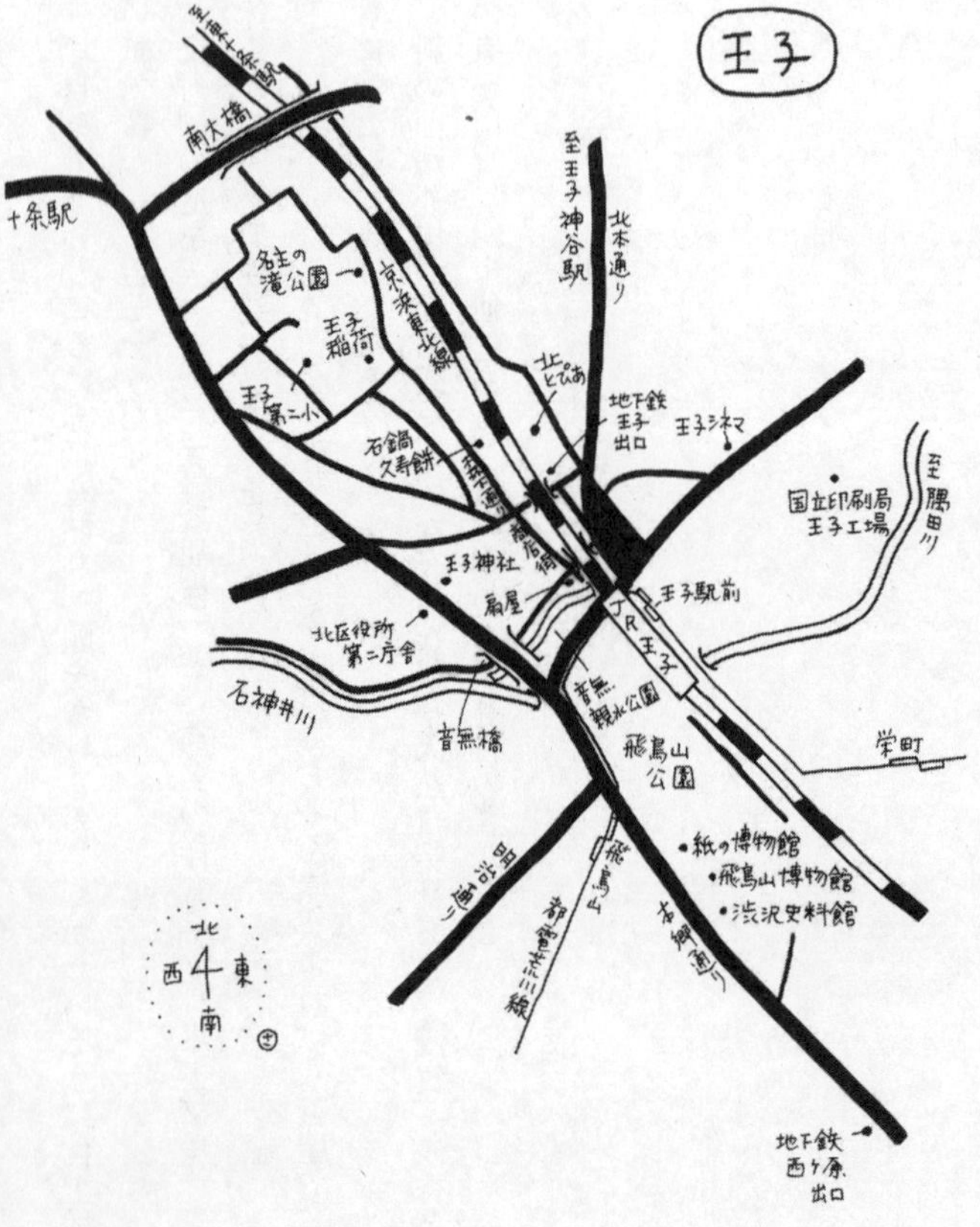
王子
至東十条駅
南大橋
十条駅
名主の滝公園
王子稲荷
王子第二小
京浜東北線
石鍋久寿餅
至王子神谷駅
北本通り
北とぴあ
地下鉄王子出口
王子シネマ
国立印刷局王子工場
至隅田川
王子神社
扇屋
王子駅前
JR王子
北区役所第二庁舎
石神井川
音無橋
音無親水公園
飛鳥山公園
栄町
紙の博物館
飛鳥山博物館
渋沢史料館
明治通り
都電荒川線
飛鳥山
本郷通り
北
西
東
南
地下鉄西ケ原出口

王子
川と滝と稲荷と

　子どもが小さいころ、よく飛鳥山公園に遊びに行った。飛鳥山は広く、木々が茂り、噴水があって、幼児に水遊びさせるのが目的である。

　東京メトロ南北線王子駅で降りる。森下通りという商店街へ向うとふいに渓谷に出る。これが音無親水公園。石神井川の下流はもともとは根津を流れる藍染川であったが、いつの時点でか、王子のこの谷を人工的に切って、音無川へ流した。と、古老平塚春造さんに聞いたことがある。ともかく江戸時代から「滝野川の紅葉」として有名で、明治の樋口一葉も筆に上《のぼ》せている。整備のしすぎに思えるが、それでも木陰で昼

寝する人、スケッチする人、そして水辺で歓声を上げる幼児の群れに、子どもを育てていた昔の自分を思い出す。

その手前に玉子焼で名高い扇屋、慶安元（一六四八）年創業とか。これも風情ある木造三階建てから、いまはビルに変わってしまっている。そして料亭の営業をやめたらしいが、入口近くで十四代目、早船武彦さんがあつあつの玉子焼を売っていた。上を横切るアールデコ風の音無橋は昭和五年築、その脇の坂をいまでは東京唯一の都電が上ってくるのも、ちょっとレトロで、私の好きな風景だ。

そこから名主の滝公園まで歩いていった。ここは江戸の嘉永年間（一八四八〜五四）、王子村の名主である畑野家の自宅の庭で、将軍が鷹狩りのついでに立ち寄ったとか。千代田の城からだと、王子から根岸あたりがちょうどいい狩場だったようで。庭内薄暗く、ザァザァと滝が落ちる。かつて王子七滝といわれた滝も、いまは名主の滝しか残っていない。といっても、維新、戦災いろいろあって、再び流れ出したのは昭和三十五年、いまの滝が水道水の循環式と聞くと少し鼻白むが、ここも子どもが小さいころ、夏はよく水浴びに連れていったものだ。

王子という地名は鎌倉時代、ここの豪族豊島氏が熊野の御子神若一王子を勧請して、この地に王子権現を創建したことによる。世界遺産になった熊野を歩いて、ようやく〃王子〃の地名が胸におちた。その王子神社は変哲もない広い社だが、となりの王子稲荷はなかなか見もの。大晦日に装束稲荷に関八州の狐が集まり王子稲荷へ向ったという、十二月三十一日の夜「狐の行列」なる催しをやっている。落語の名作「王子の狐」にはお玉ちゃんという女狐と扇屋の玉子焼が出てくる。このへんには「いなり幼稚園」や稲荷湯がある。

中央工学校の建物が目立つ。明治四十二年開校、民間において測量技術を教えたり、女子の製図科を設けたりとユニークだった。田中角栄さんはここの昭和十一年土木科の卒業生、のちに五代目校長をつとめてい

る。

飛鳥山公園をひさしぶりに訪れる。ここには紙の博物館、北区飛鳥山博物館、渋沢史料館と三つ並んで、建物は新しくて味がないが、午後いっぱい楽しめる。博物館ではいにしえの貝塚の話。江戸の飛鳥山の話。狐の嫁入りの図や六阿弥陀《あみだ》詣でまで、いろんなことを教えてくれる。飛鳥山には将軍吉宗が江戸庶民へのサービスとして千五百本の桜を植えた。上野から谷中、日暮里、田端を抜けて王子まで、いちばん北の尾根づたいに、みな仮装して歌ったり踊ったりしながら桜見物を楽しんだという。

李白だと見えて石碑を読んでいる

なんて川柳もあったりして。

近代になると、もっと面白い。荒川の水を利用して、このあたり鹿島万平の日本初の綿紡績会社、明治六年には渋沢栄一の抄紙会社、九年に紙幣工場、明治十二年にラシャの製絨所《せいじゅうしょ》など次々近代工業が発祥する。

その一つが、「紙の博物館」と関係深い王子製紙、そしてこの会社をつくったのが明治最強の実業家、渋沢栄一。五百の会社を設立し、日本に株式会社、銀行、証券取引所などの近代制度を設立した人だが、同時に孤児院や養育院、女子教育など会社と同数ほどの社会事業も手がけた。

幕末は徳川昭武に従い、パリ万博に赴いていて留守だった。日本にいたら十中八九、従兄《いとこ》たちと上野の彰義隊に加わっていたはず。戊辰戦争後、帰国した渋沢は、もう刀や槍の時代ではない、産業を盛んにして国を豊かにしよう、自由で平等な市民社会をつくろう、と考えた。昭和六年まで長生きした栄一の演説「道徳経済合一説」の肉声を紙の博物館で聞くことができる。モラルと商売の両立を提唱した人だ。

渋沢栄一はずっと飛鳥山に暮らし、タゴールや蔣介石もここを訪れた。邸内の晩香廬や青淵文庫は国指定重要文化財となっている。

王子から丸の内の事務所に向う渋沢子爵の車は午前十一時になると通るからと、みんな本郷通りに出て見たという。

浅草橋・蔵前
春日通り
至浅草
川柳発祥の地の碑
地下鉄蔵前出口(大江戸線)
厩橋
国際通り
新堀通り
精華公園
江戸通り
地下鉄蔵前出口(浅草線)
梅の湯
鳥越神社
筑摩書房
下水道局
蔵前橋
蔵前橋通り
左衛門橋通り
浅草橋問屋街
榊神社
都立蔵前工高校
柳北公園
水新菜館
隅田川
銀杏岡八幡神社
総武線
至秋葉原駅
JR浅草橋
地下鉄浅草橋出口
至両国駅
左衛門橋
神田川
浅草橋
柳橋
つくだに小松屋
北
西
東
南
両国橋

浅草橋・蔵前

おもちゃ問屋の町

浅草橋駅で降りたら、いったんは水を見たい。神田川にかかる浅草橋のたもとの旧浅草見附跡から柳橋の方へ向う。船宿をいくつかはさんで、小さな緑色の柳橋。その向うに大川こと隅田川が見え、大きな両国橋が眺められる。気分がせいせいする。

小松屋でしらすやちょっと高価な牡蠣の佃煮を買い、柳橋あたりをぶらぶらするが、かつての花街の面影はどこにもない。その昔、この界隈、国電のガード下には日本画家の松本楓湖が安雅堂画塾を開いており、その弟子となったのが速水御舟。近くの質屋の次男坊であった。そこには今村紫紅も通っていたという。

またこのあたり、芸人が多く、竹本播磨大夫、豊竹山城少掾ら義太夫語りや狂言師、役者などもいたというが、そんな粋な風情もなく、マンションばかりが立ち並ぶ。堤防は高く、川沿いはビルに占められ、川面も見えない。

表の江戸通りに出ると、ここは真っ赤や黄色の看板が目に付く玩具問屋。人形屋は日本橋の十軒店《じっけんだな》から移ったもので、戦後どっと増えた。ひなまつり、五月の節句から夏は花火、冬はクリスマスまで、季節ごとに商品が替わり、たのしい。造花屋さんも華々しい。

負けず劣らず派手なのが角の「水新菜館《みずしん》」の看板。お昼どきはずらりと列ができている。ここは三時までやっているので、二時ごろ行くのがいい。名物は広東麵。白い大きな器の麵に醬油味の具がどっさり載って、これがまあ、一日分の野菜が摂れることうけあい。白菜、人参、ネギ、大根、大根の葉、エビ、豚、ウズラの卵など新鮮なので、一つ一つの味がしっかりして、トロッとしたあんの味とスープの味の微妙な違いが楽しめる。ピンクのシャツに緑のズボンというおじさんの動き、常連さんに「いらっしゃい」「またね」と声をかけるおばさん、厨房のきびきびした白衣の料理人たち、中国語で書かれたメニューを眺めているだけで時が過ぎる。

神田川

さらに江戸通りを行くと、蔵前橋通りとの交差点。この右手に昔、煙草の専売局の工場があって、その跡地に蔵前国技館ができた。今は都の下水道局、併設された水の資料館は予約すれば見ることができる。

この界隈、神社も多くて、銀杏岡八幡神社、榊神社、鳥越神社がある。榊神社のところに大正時代は東京高等工業学校があり、震災でそこの化学薬品が爆発して大火事になった。いまの大岡山の東京工業大学の前身である。銀杏岡八幡神社は八幡太郎（源）義家が安倍貞任、宗任を討つとき、ここに銀杏を二本植え、太刀を献上したことによるという。

お祭りといえば、鳥越神社。千貫みこしが社地に入る夜はことに美しく、観光化された三社祭りにない渋い色気がある。

久しぶりに旧柳北小学校跡を訪ねたら、フランスのリセに変わっていた。神社仏閣と墓石は動かないが、都心の過疎で学校の統廃合や転用は激しい。柳北公園となっている所は平戸藩主松浦邸。古老によれば明治に入り、大正天皇の生母柳原二位の局の邸となり、今の三井記念病院が三井慈善病院のころ、二位の局が天皇の名代として、病院に慰問にいったこともあったという。

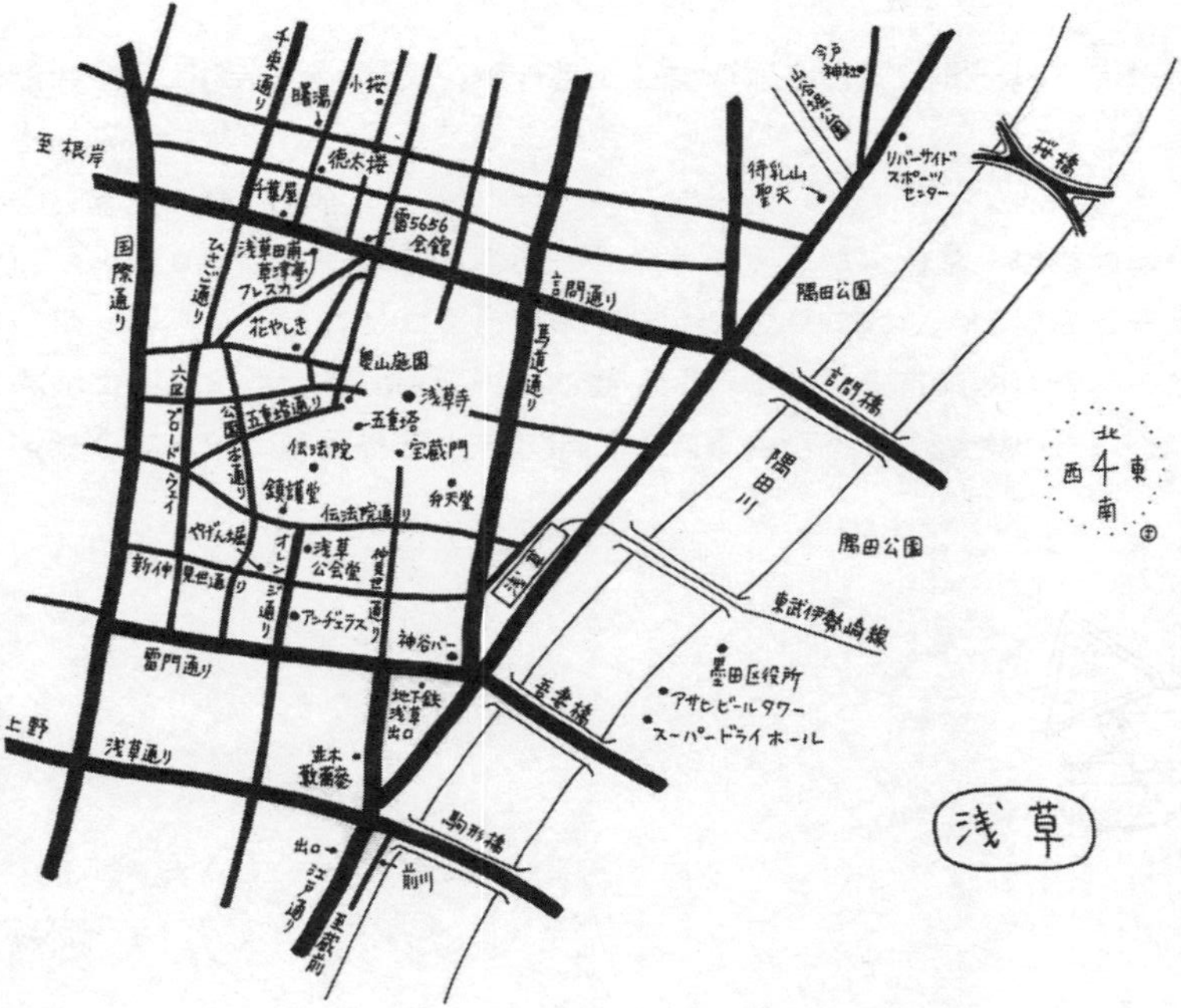
浅草
至根岸
国際通り
千束通り
曙湯
小桜
徳太楼
千葉屋
雷5656会館
ひさご通り
浅草田甫草津亭
フレスカ
花やしき
言問通り
待乳山聖天
今戸神社
山谷堀公園
リバーサイドスポーツセンター
桜橋
隅田公園
奥山庭園
浅草寺
馬道通り
六区ブロードウェイ
公園五重塔通り
五重塔
伝法院
宝蔵門
弁天堂
鎮護堂
伝法院通り
言問橋
隅田川
北
西
東
南
隅田公園
やげん堀
オレンジ通り
浅草公会堂
仲見世通り
新仲見世通り
アンヂェラス
神谷バー
東武伊勢崎線
雷門通り
地下鉄浅草出口
吾妻橋
墨田区役所
アサヒビールタワー
スーパードライホール
至上野
浅草通り
並木藪蕎麦
駒形橋
出口
江戸通り
前川
至蔵前
浅草

浅草

昔ながらのうまいもの店

浅草へ行っても雷門や仲見世付近には近寄りたくない。ものすごく混んでいるし、観光客目当ての新しい店がどんどん開店している。中には老舗もあるのに、見るところ、安っぽくて、こけおどしで、キッチュなのが目立つ。新選組の半纏みたいのとか、アラン・ドロンがひっかけているようなサテンの着物とか、必勝と書いた日の丸のハチ巻。外国人観光客向け、記号としての日本。

やっぱり、昔からの店がいい。

たとえば、「並木の藪」。入ると油石を敷き詰めた床にテーブル、左側に小上り。座

ったとたん、ぴしっと四つに畳んだ夕刊紙が出てくる。待つ間、お読み下さいというのだろう。白い三角巾、白い上っ張りのおばさんが注文を通し、ややあって、せいろが出てくる。会合がはねて女一人になったとき、ちょっと一枚いただくのがよい。
うなぎの「前川」は江戸の文化年間からやっている。玄関に若くて上品な女の人。三階の広い窓際の席がいい。広々とした隅田川、美しい形の駒形橋と向こう岸にはアサヒのビアホール、例のシュタルク設計のいわゆる金斗雲ビルもすっかり町に馴染んでしまった。夏なら絽の着物の、仲居さんの受け応えは万全。ウマキ卵、ウザク、白焼きなどの小皿に始まり、坂東太郎なる蒲焼、肝吸い、おこうこにデザートがついて六千円台というのは、この景色ともてなしを考えれば上々だ。ここの仲居さんは決して皿を卓上で重ねない。床に置いた盆まで下げてから

重ねる。こんな当然のことが、最近できた店では果たされていない。オレンジ通りの「アンヂェラス」へ行く。伝法院通りなどすっかりテーマパークになってしまったのに、ここばかりは全然変わっていない。昭和三十年代の日本人は小さかったのだなと思う小ぶりの木のテーブルと椅子。三階へ上がりクリームソーダを頼むと、白いシャツに蝶ネクタイのベテランウェイターがとことこ上がってくる。「三階でごめんどうね」というと「四階といわれちゃ困りますがね」とすかさず。「あら、ここ四階もあるの」と驚くと、「ありませんよ」とニヤッとする。その即座のまぜっかえし方が浅草なのだ。屋根裏部屋みたいな低い窓、そのシェードの間から下をのぞくと、人力車がつぎつぎ客を乗せてやってくる。「ここから写真をポラロイドで撮って、終点で売るのを商売にしたら」と同行の娘が思いつく。

そこを出たら、やげん堀で唐辛子を買う。自分の好みにしてもらえるから、私は「山椒を多く入れてね」と頼む。「山椒は少しでもかなりききますよ」、ここの女の人は親切だ。伝法院の庭は、この喧騒の浅草にこんな静寂の空間があるのかと信じられないほどの広さ。めったに公開されないので、鎮護堂の柵の隙間から眺める。その手前にある銀杏は昭和二十年三月十日の大空襲で焼けたあとがある。歴史の証人だ。

観音様には夕方、北参道から入って、こっそり拝む。奥山は静かである。そこからもっと静かな観音裏をめざし、甘いものなら「小桜」のかりんとう、「徳太楼」のきんつば、「千葉屋」の大学芋がある。浅草花柳界最大の料亭草津亭と同系列のスペイン料理「フレスカ」でタパスをつまみに冷たい白ワインを飲む。ああ幸せ。

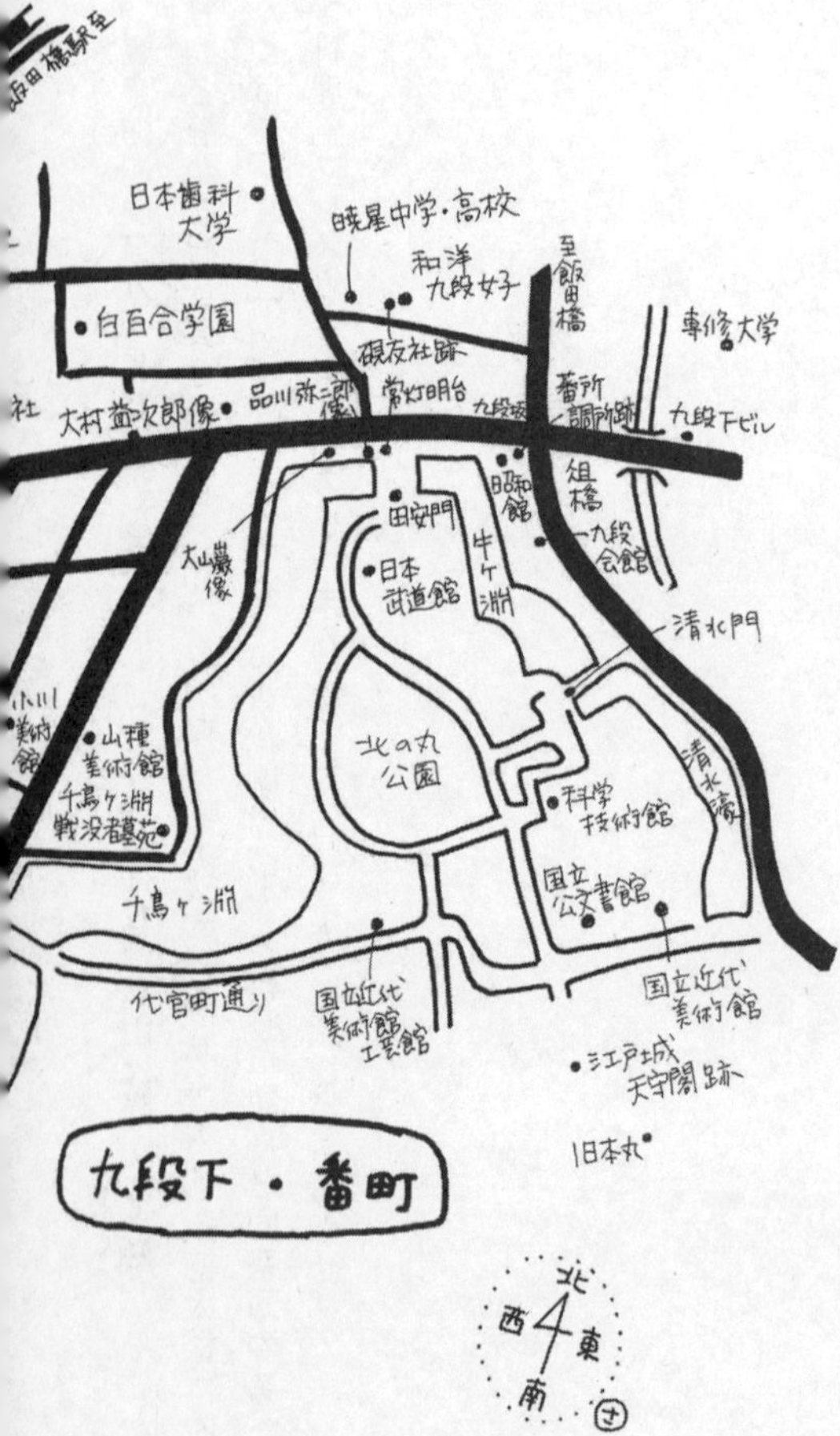

至飯田橋駅
日本歯科大学
暁星中学・高校
和洋九段女子
至飯田橋
白百合学園
専修大学
硯友社跡
大村益次郎像
品川弥二郎像
常灯明台
九段坂
蕃所調所跡
九段下ビル
昭和館
俎橋
田安門
九段会館
大山巌像
日本武道館
牛ヶ淵
清水門
北の丸公園
清水濠
小川美術館
山種美術館
千鳥ヶ淵戦没者墓苑
科学技術館
国立公文書館
千鳥ヶ淵
代官町通り
国立近代美術館工芸館
国立近代美術館
江戸城天守閣跡
旧本丸
九段下・番町
北
西
東
南

新見附橋
法政
外濠
市ケ谷橋
JR
市ケ谷
靖国通り
靖
中央線
二七通り
吉行淳之介
三年坂
東京中華学校
三浦環
東郷坂
東京家政学院
仏蘭西学舎跡
六番町ガーデン
雙葉学園
島木赤彦
大妻女子大学短大
大妻通り
網野菊
行人坂
与謝野鉄幹・晶子
大杉栄
有島武郎兄弟
泉鏡花
番町中央通り
日本テレビ
JR
四
谷
明治女学校跡
邦枝完二
武田麟太郎
聖イグナチオ教会
武者小路実篤
田辺花圃
吉屋信子
地下鉄半蔵門出口
地下鉄麹町出口
新宿通り

九段下

銅像ひとめぐり

神保町まで来たついでに九段まで歩いた。機動隊、街宣車、人だかり。今日が八月十五日、終戦の日であることに、近づくまで気づかないうかつさだった。

右手の九段下ビルがどうなっているか、まず気がかりだった。昭和二(一九二七)年築、南省吾設計。黄土色のビルには養生のためのネットが長らくかぶせられている。洋菓子店ゴンドラもこのあたりにあったはず。ビルはまだ壊されていない、とホッとしながらも、いつ壊すのだろうと不安がよぎる。いったん壊されると目の中にぽっかりと穴があいてしまうから。

俎《まない》橋《た》から左手に九段会館が見える。昭和九年築の帝冠様式といわれる建物で、川元良一設計の旧軍人会館。二・二六事件のときは戒厳司令部がおかれ、「兵ニ告グ」が放送された。いまはレストランや屋上にビアホールなど入っている。その前にあった古い憲兵隊司令部の下士官アパートはもはやない。谷中三崎町で焼け出された少女が弟妹をつれ、九段の憲兵隊司令部まで歩いていった、という話を聞いたことがある。父親は亡くなり母親がここに勤めていたのだという。

手前の新築の昭和館は厚生労働省の管轄だが、この前の戦争が是か非か、ということを問わず、アジアの民衆の受苦に一言もなく、自国の民の受苦だけを展示していると問題になった。建物はいかめしく壁ばかりだ。

九段というとさまざまなエピソードが胸に去来する。私の母は戦時中、近くのカソリックの女学校の生徒で、毎週靖国神社の清掃をしていたそうな。二・二六事件のとき雪の田安門(いま重文)を銃を持った兵が固めていた、とも聞いた。

このへん学校が多い。専修大学、暁星中学、日本歯科大学、和洋九段女子高、東京家政学院、大妻女子大学、そして法政大学。いずれも長いこと九段あたりにある学校だ。

今日は参拝しに来たのではない。銅像をひとめぐり見てこようと思い立った。まず田安門の先の植え込みに常灯明台（高灯籠）がある。東京湾を運航する漁船のための灯台だという。品川沖からこれが見えたとすれば、よほど空気が澄んでいたのだろう。

その次に品川弥二郎のフロックコート姿の銅像。高村光雲監修、本山白雲製作、鋳造平塚駒次郎。職人の名が台座に刻まれているのはめずらしいことである。ご子息の平塚春造さんを私は知っていて、よく話を聞いた。西郷南洲（隆盛）や楠木正成の鋳造も東京美術学校教授、岡崎雪声の名になっているが、技術的には平塚駒次郎がかかわっていること。この品川弥二郎像を鋳造するために、手狭だった上野桜木町から日暮里に越したこと。彫塑家朝倉文夫がよく「駒さん、いるかい」と訪ねてきたこと。

品川弥二郎は長州出身で、鳥羽伏見の戦いで錦の御旗を私製したり、東征軍のトコトンヤレ節をつくったり、情報戦に強かった。選挙大干渉で失脚したのは知っての通り。

それに対して隣りの大山巌銅像は軍服・騎乗姿。薩摩出身の陸軍大将・元帥だが、会津の家老の娘山川捨松と結婚した。その茫洋《ぼうよう》とした人柄には魅かれるものがある。

この二つは樹々の陰に隠れ知られていない。いよいよ九段のシンボル、大村益次郎

前方に見えるのが九段会館

像へ近づく。大空間の中で小さく見えるが、そばへ行くと結構大きい。長州出身、戊《ぼ》辰《しん》戦争の立役者。明治二年に暗殺され、銅像を建てることには反対もありながら明治二十六（一八九三）年に建った。原型製作大熊氏廣、砲兵工廠《こうしょう》で鋳造された。羽織袴《はおりはかま》の二刀差し、大村は洋装の時代を待たなかった。目線は北東、つまり上野の方を向いている。「彰義隊討伐のさいに江戸城本丸から指揮する姿」という銘板を何人かが熱心に読んでいる。そうなのだ。靖国神社には戊辰戦役の「官」軍側死者しか慰霊されていない。彰義隊も白虎隊も、函館戦争も幕府方の死者は祀られていない。それがそもそも、この神社に私が納得いかない理由なのだ。そして薩長出身指揮官たちの銅像がそれを見守っている、というわけなのであった。

番町

文人の多く住んだ町

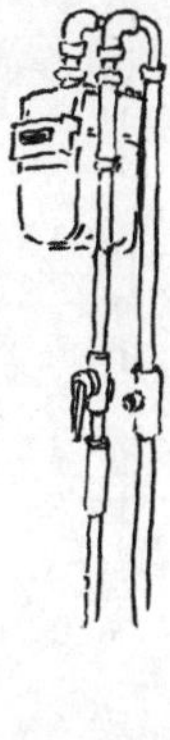

子どものころ遊んだ〝人生ゲーム〟では、番町の土地を買ったり家作を建てるのが一番高かった。東京都心の高級住宅地である。いや、江戸時代からここは旗本の住む住宅街であった。岡本綺堂「番町皿屋敷」も旗本の悲劇。徳川家康直属の旗本大御番に賜ったのが地名の由来。いまは一番町から六番町まである。「田園調布に家が建つ」は高度成長期の庶民の夢だったらしいが、千代田区の番町は住宅地としては破格で、〝夢のまた夢〟、ギャグにすらなり得なかった。

「幸田露伴先生が裏の借家を見に来られた時、ここは文人町ですねといって帰られたそうだ」と有島生馬が『大東京繁昌記　山手篇』の「山の手麴町」に書いている。いま東京は膨張して、交通の便がよくなり文人も神奈川、千葉、埼玉にまで拡散してしまったが、明治から昭和戦前までは比較的、都心部に密集していた。

都心の過疎化がいわれても、そこに住んでいる人はいる。そして、住民はオフィスビルが増える番町を乱開発から守ろうと、「番町まちづくり文学館」というグループをつくり、「番町文芸地図」を作成した。これを持って半日、グループの中心、新井巖さんに案内していただいた。

四ツ谷駅で待ち合わせ、外堀に沿って雙葉学園の前を通る。このあたり六番町といって、六番町ガーデンあたりは松岡洋右の屋敷跡。日独伊三国同盟を締結したときの外相。戦後もしばらく西洋館が建っていたという。そこを右に入ると左側が東京中華学校、ここも山口邸という大きな屋敷の跡。昭和十二年、内田百閒は五番町十二（当時土手三番町三十七）に引越し、ここで空襲にあった。

『東京焼尽』（昭和三十年）に描かれているが、昭和二十年五月二十六日、麴町炎上。百閒は焼け出され、二十三年、向かいの六番町に、印税の前払いを受けて、いわゆる「三畳御殿」を建て、その後も「ノラや」などを書き続けた。

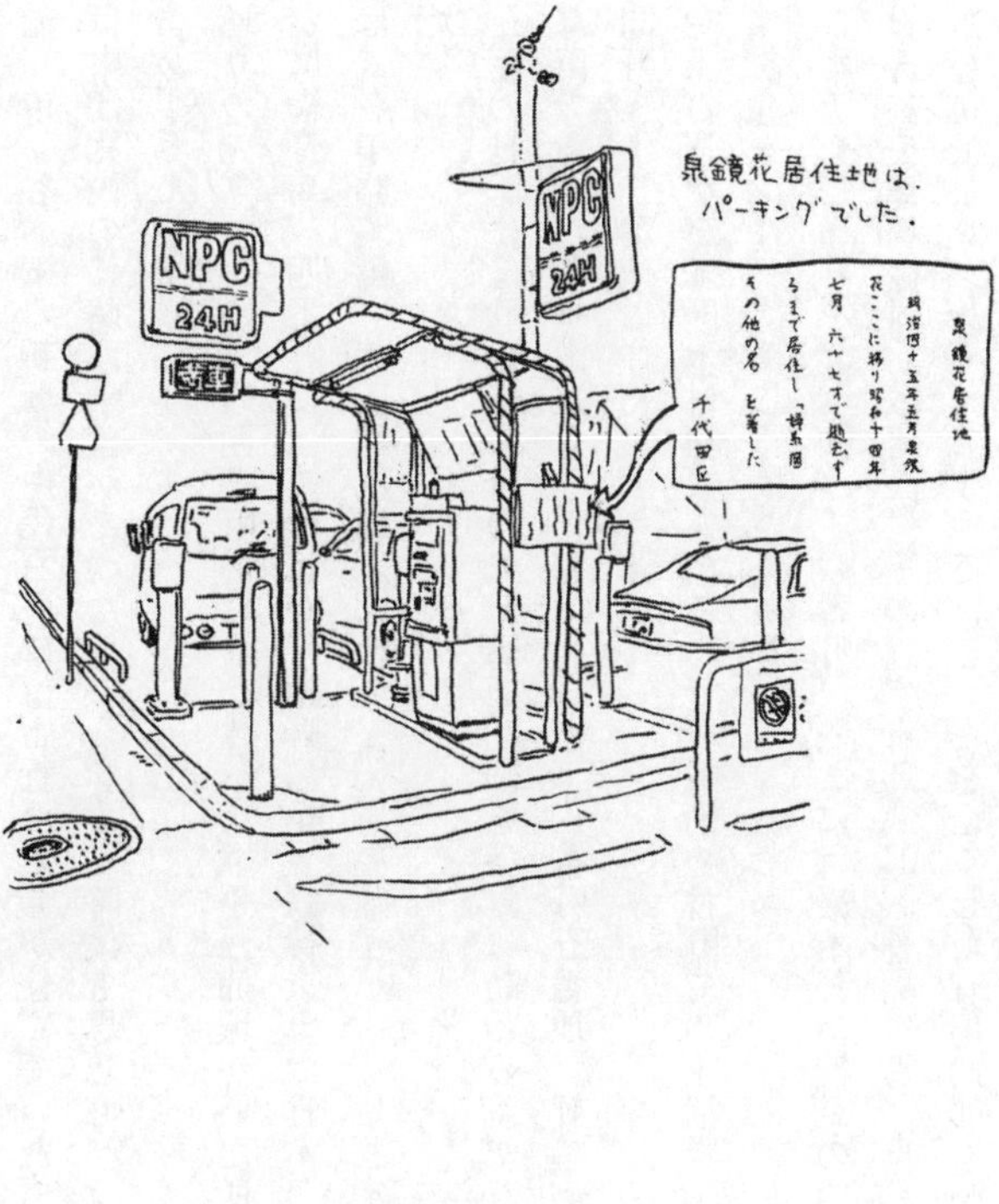
泉鏡花居住地は、
パーキングでした。
泉鏡花居住地
明治四十五年五月泉鏡
花ここに移り昭和十四年
七月 六十七才で逝去す
るまで居住し「婦系図
その他の名 を著した
千代田区
NPC
24H
NPC
24H

その先、市ヶ谷へ下る新坂の中程右手には吉行淳之介が住んでいた。五番町交差点の角には中江兆民の仏蘭西学舎があった。こうなると時代も思想もバラバラだが、今日はかまわずどんどん歩こう。

二七通りの先、マンハイム四番町あたりがオペラ歌手三浦環がいた所、その先、東郷坂向いに網野菊、四番町にはこのほか与謝野晶子・鉄幹夫妻。日本テレビのある二番町には武者小路実篤、武田麟太郎、邦枝完二、吉屋信子、古くは三宅雪嶺・花圃夫妻がいた。

樋口一葉の日記には歌塾萩の舎の先輩田辺花圃を番町に訪ねるくだりがある。花圃の父は幕臣であった蓮舟田辺太一。家は当時の下二番町五番地。評論家三宅雪嶺と結婚して同町三十二番地に住んだ。

邦枝完二の長女が俳優木村功夫人梢さんで、戦前の番町での生活を『東京山の手昔がたり』(世界文化社)に美しく描いている。

さて日本テレビ通りを北へ向って六番町。ここには巖本善治校長の明治女学校があって北村透谷や島崎藤村が教えた。その近く有島武郎、有島生馬、里見弴三兄弟の住んだ一郭も立派なマンションになっている。妻を亡くした有島武郎に心を寄せた与謝野晶子の住いとのこの近さよ。歩いているとそういうことが腑に落ちる。有島邸にはのちに文藝春秋、平凡社が入った。ほかに島木赤彦、水上滝太郎、泉鏡花、大杉栄がこのあたりに住んだことがある。役者や画家まで挙げるとキリがない。

新井さんは「まだまだ番町に住んだ方がいると思います。空襲で焼け、昔の邸町のたたずまいがないのが残念ですが、落ちついた住宅街を守っていきたい」と意欲的だった。建物は現存しなくても、ときに大木が亭々と繁り、道や坂が、かすかに明治・大正を感じさせる。私はふと足を止めた。そうだ、この鰻屋、須賀敦子さんに連れてきてもらったな、と思い出した。

この近くに須賀さんの勤め先、上智大学市ヶ谷キャンパスがあったから。そこを訪ねてみると、現在は法科大学院の看板がかかってはいるものの使われていない模様。「まゆみちゃん一度は外国で暮してみるといいわ」といった須賀さんの声がよみがえり、なんだか懐かしく切なかった。

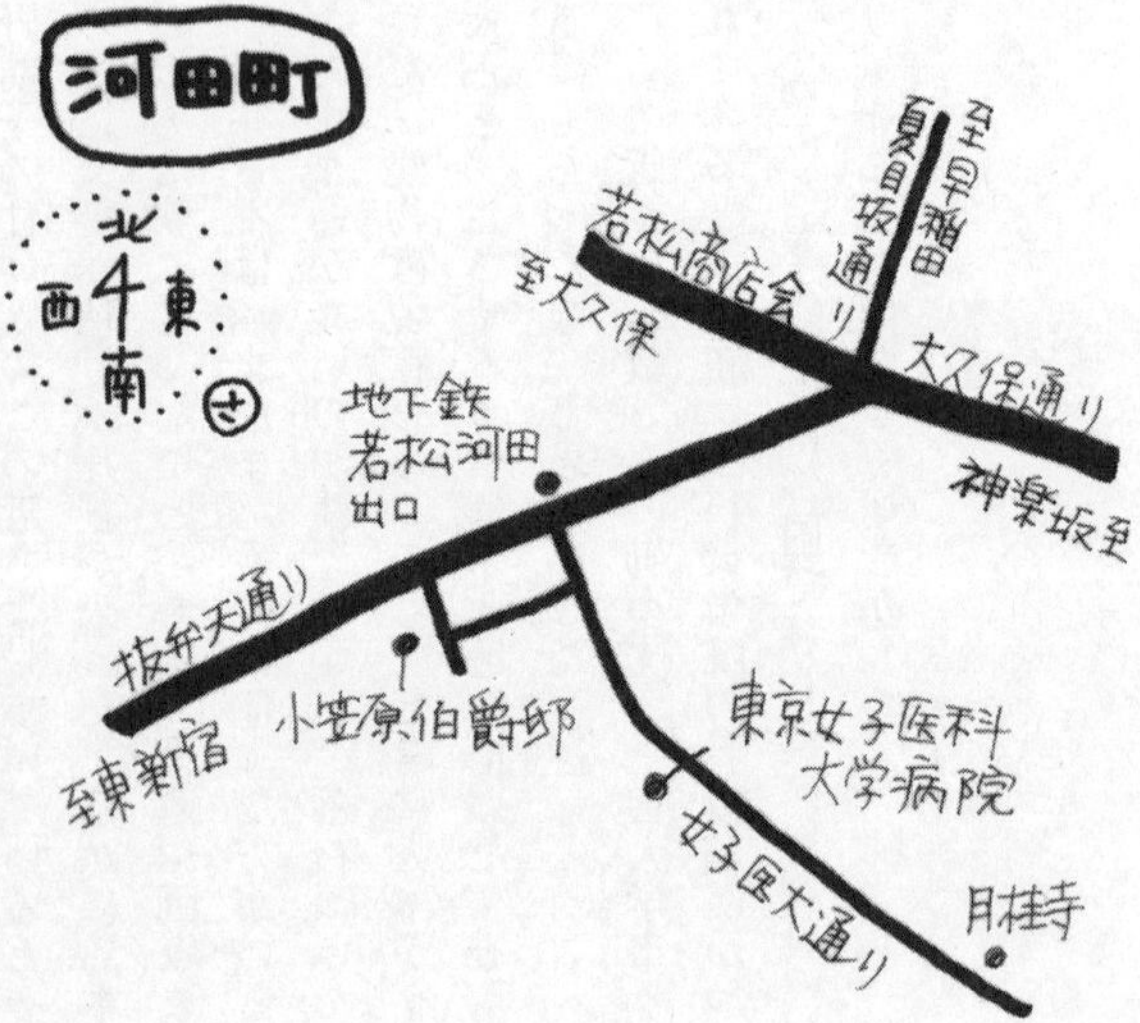
河田町
北
西
東
南
㋚
至早稲田
夏目坂通り
若松商店会
至大久保
大久保通り
神楽坂至
地下鉄
若松河田
出口
抜弁天通り
至東新宿
小笠原伯爵邸
東京女子医科
大学病院
女子医大通り
月桂寺

河田町

スパニッシュの西洋館

新宿区の河田町には一つだけ強烈な思い出がある。一九七七年大学卒業の年、女子学生の就職状況は悲惨をきわめ、就職課の掲示板にはロクな貼紙《はりがみ》がなかった。ある日、そこにフジテレビで女性キャスター四名募集と出た。それを見た女子学生はみな無言のうちに早大正門前から東京女子医大行のバスに乗り込んだ。バスはすぐ満員になり、

来るバス来るバス、女子学生でいっぱいだった。私もそのバスに揺られた一人。もちろん第一次ではねられた。

そのフジテレビは臨海部に引っ越し、商店街も何やらさびしそうだが、入れ替って若松河田駅前にすばらしいスパニッシュの西洋館が姿を現わした。

昭和二（一九二七）年、礼法の小笠原流を伝える小笠原長幹《ながよし》伯爵邸として建てられた。設計は曾禰中條建築事務所。地上二階地下一階、敷地は二千九百十平方メートル、床面積は千百平方メートルある。

戦後、進駐軍に接収されたあと東京都に返却、中央児童相談所として使われた。美しい建物なのに一九七五年からは老朽化を理由に閉鎖されてきた。

九〇年代に入り、都ではこの建物の活用を検討する委員会を開き、私もその委員として熱心な討議に加わった。邸宅のため小さな居室に分かれているので、朗読、室内楽、庭を利用した演劇、カルチャーセンター、茶話会などはどうかとさまざまな案が出され、それらも可能とするアートセンター構想がまとまった。

しかし、せっかくの提案も都の財政難で日の目を見ず、〝民間活力導入〟のため貸し出し活用されることになった。なんのために長い間委員会を開いたのやら。公募で

名乗り出た三社のうち、「インターナショナル青和」に借り主が決まり、このほど同社の負担で修復を終え、十年間、予約制レストラン「小笠原伯爵邸」として開業した。

覆いがはずれ、修復された内部を見学。藤森照信東大教授ら専門家の委員会も設けられ修復されている。復元する部分と、レストランとして活用するための施設とメリハリをつけたため、旧夫人室が厨房《ちゅうぼう》に変えられてしまったが、これはしかたがないかも。結婚式場としても使われるらしく、二階の花嫁控室や応接間はたいへんロマンティックな空間になっていた。一階の宴会場、ダイニング、ピアノのおかれたサロンなども居心地良さそうだし、ギャラリー、カフェも併設される。

設計者曾禰達蔵、中條精一郎は明治から昭和の初めを代表する建築家であり、その時代の作品がかなり壊されたいま、この美しい建物が注目を集め、再生のお手本となるよう期待したい。そのためにもこの建物に思いを寄せる市民が見守っていく必要がある。

すでに修復に協力する人々により、部材を磨き、洗い、錆《さび》を落とすなどのボランティア活動も行われている。また将来にわたって壊されないように、文化財としての指定、あるいは登録も必要だろうと思う。

その後、一度だけ小笠原伯爵邸で食事をしたが、コース一万数千円というのでは二度と来られないだろうと思った。

いま、私は病を得て、東京女子医大に通う。都営大江戸線が出来たので、家から二十分位。早稲田からバスに乗った昔が嘘のように便利。吹き抜けの新しい外来の前に、一号館というスクラッチタイルの古い建物がある。吉岡弥生が女性の医者を育てようと始めた学校の矜持のようにすっくりと立っている。この建物もいつまでも残ってほしいものだなあ。

日本橋・東京駅

皇居
内堀通り
和田倉濠
馬場先濠
日比谷濠
日比谷通り
帝国劇場
東京国際フォーラム
至有楽町・新橋
東京中央郵便局
新丸の内ビル
東京銀行協会
日本工業倶楽部
地下鉄大手町出口
逓信総合博物館
至神田
丸の内北口
JR東京駅
八重洲北口
浜口首相遭難現場
原首相遭難現場
南口
中央口
北町奉行所跡
外堀通り
八重洲通り
中央通り
昭和通り
常盤橋
常盤橋門跡
一石橋
日本銀行
三井タワー
三越
にんべん
伊勢定
鮒佐
神茂
山本海苔店
道路元標
日本橋
魚市場の碑
日本橋川
日本橋由来記の碑
江戸橋
永代通り
丸善
高島屋
ブリヂストン美術館
明治屋
鍛冶橋通り
中央公論新社
片倉ビル
フィルムセンター
INAXギャラリー
北
西
東
南

日本橋

生きた日本史ツアー

入谷で買った金縁メガネの職人さんに、「どこでレンズを入れたらよいでしょう」と聞いたら、しばし考え「まあ伊勢丹か三越ならまちがいないでしょう」といわれた。たまたま前を通ったので、三越へ入ってみた。

じつをいうと、ビンボー時代が長かったので、デパートで物を買うという習慣がない。たまに美術展を見たり、閉店ぎりぎりにデパ地下で安くなった惣菜を買うくらいである。で、ちょっとおどおどした。しかし、七階のメガネサロンには多くの背広紳士が立ち働き、とってもていねいに検眼して、意外に手頃な値段でレンズを入れてくれた。これがピタリと合うのである。

いままでの買ってすぐ壊れたり、合わなかったシニアグラスは何だったのだろう。これからは、眼鏡と靴だけは（繰り返しになるけれど）安物買いの銭失いはすまい、と思った。

しばらくして、目の悪い末っ子も、三越へ連れていった。彼は、都の歴史的建造物に選定されている三越本店の建物にえらくびっくりした。「この軒のかざりを見てごらん」「この大理石も本物だよ」。一階中央には佐藤朝山作の巨大な天女像がある。これにもびっくり。

検眼中、「おつかれ様でございました」「よくお似合いになりますよ」「お待たせして申し訳ございません」。そんな心のこもった正確な日本の敬語があちこちで聞こえ、真心《まごころ》いやされる。日頃、ひどい客あしらいに傷つくことが多いものだから。

ついでに明治二十九年竣工の辰野金吾の傑作、重文日銀本店と、昭和の重文、三井本館の豪壮な建物にも息子を案内した。思い出せば子ども時代、私は親によく日本橋界隈《かいわい》に連れてきてもらった。ライオンや天女像は私の原風景の中にあるのに、自分はヒマもおカネもなく、息子と日本橋を歩くのは初めてだ。そう思うと鼻がクスンとした。

そもそも、母の生まれたうちは日本橋矢ノ倉町で尺八や琴の袋など錦の袋物を扱う問屋だった。江戸の初期から営業しており、鴻池あたりとも取引があり、大正博覧会くらいまでは羽振りがよかったそうである。

今日は大盤振る舞いだ。「伊勢定」でウナギを奢《おご》っちゃえ。これまた老舗の味。お茶をつぎに来た和服の女性が「お味はいかがでございますか」とにっこりした。こういう応対はお金では買えないものだ。

この界隈は、かつては銀座よりはるかに地価の高かった日本橋の面影をとどめている。「山本海苔店、鰹節のにんべん、はんぺんの神茂、佃煮の鮒佐、海産物屋が多いのは震災前までここに魚河岸があった名残なのよ」と息子に解説。魚河岸は吉原、芝居とならんで日に千両落ちるといわれた。

日本橋のたもとには、その魚河岸の碑もあった。この「日本橋って書は誰のか知ってる？」「知らない」「十五代将軍徳川慶喜よ」「へえー」。

「お江戸日本橋七ツ立ち」と歌われ、いまも道路元標が残る。東海道五十三次、中山道六十七次、甲州道中、日光道中、奥州街道、五つの道はここを起点とする。

首都高速道路下の日本橋

日本橋は十九回架けかえられたという。明治四十四年、五十二万円をかけていまの橋に架けかえられたとき、十五代将軍はまだ健在だった。米元晋一設計、装飾は妻木頼黄《よりなか》のデザイン、岡崎雪聲鋳造。その日本橋の上を東京オリンピックのときに作られた高速道路が通っている。かつてのお江戸日本橋の景観が台無しだ。

「こんど高速道路をはずすってよ」「まあいいことだけど、また工事に税金使うんでしょう」と息子。「東京オリンピックのときにできて、かれこれ四十年たってるからね」「地下を掘るのも危ないと思うけどな」「ソウルでは漢江《ハンガン》上流の高速を取って大評判よ……」

そのあと丸善に寄り本を買う。「日本橋って品があるね。気持ちのいい町だね」と初めて来た息子は感心した。今日は生きた日本史ツアーだったかもしれない。

東京駅
重文の駅は復元中

　京橋の「中央公論新社」に「婦人公論」の資料調査のため通っていたのだが、地下鉄だと二回乗り換えることになる。白山から大手町に出て東西線に、日本橋で銀座線に。この乗り換えがとにかく面倒臭い。エレベーターもろくにない。それでもっぱら三田線大手町で降り、東京駅を抜けて京橋まで歩くことにした。

　三田線の駅を出ると右手に皇居、左手に東京銀行協会のチョコレート色の建物がある。これは渋沢栄一の喜寿を祝って建てられた。設計は横河工務所。皇居に向けた二面のみ残して、ガラス張りの高層ビルになっており、はなはだ見栄えがしない。人よんでかさぶた保存。その角を曲がると左手に日本工業倶楽部、銀行倶楽部と同じ横河工務所の松井貴太郎の設計、こちらは表面上原形をとどめているが、西側三分の一を残し、あとは元の意匠を再現している。その分の空中権はのちに一体開発された三菱信託銀行に移転されているらしい。しかも特定街区制度を使った割り増しで。

丸の内は江戸時代、大名小路とよばれ、堀端に大名屋敷が並んでいた。明治以後、陸軍用地となり、それも退いて荒れ果てていたこの土地を買ったのは三菱の岩崎弥之助。

竹を植えて虎でも飼うか、と笑ったそうだが、大正三（一九一四）年、新橋と上野を結ぶ中間に駅が開業、その名も中央停車場。駅前は一躍一等地となる。赤レンガの東京駅は辰野金吾の設計、よくアムステルダム中央駅の模倣だという人がいるがそれは誤り、辰野式フリークラシックといわれるものだ。二十年近く前、バブルに先がけて超高層になるという計画があり、私は保存運動に関わったことがある。

だから昼も夜も、東京駅丸の内口を見るたびに、ああ、よくぞ残ってくれた、と感慨深い。いまは国の重要文化財に指定され、壊される気づかいはない。しかもＪＲ東日本は、戦争でとばされた帽子、じゃなかったドームと三階部分を復元するという。

東京駅
丸の内駅舎、保存・復原
工事中です

北口から入って円天井をながめる。そこから八重洲側への自由通路へ。ここに最近キッチンストリートなる小路ができて、わりとお気に入り。スパゲティの「ヒロ・プリモ」、フカヒレ「頂上麺」、かつ茶漬のおいしい「かつ玄」はじめ、味も値段も及第で、何より女一人で入りやすい。新幹線で出かける前や、つかれ切って帰るときもちょっと寄りたくなる。旅仲間と別れがたい時は地下の「黒塀横丁」へ。

それにしても、東京駅の構内や八重洲改札口、そこからのびる八重洲地下街にはなんとたくさんの店があるのだろう。八重洲の東京駅一番街は「ラーメン激戦区」。地下道を通るときは「地震がこないといいな」と念ずるが。

昼休み、資料読みに目が疲れると京橋あたりのオフィスの回りをぶらぶら。ほとんどが新出来のビルだけれど、曾禰達蔵設計の明治屋ビルと鍛冶橋通りに面した片倉ビルは必見。ここには映画美学校が入っていてよく試写会にも行くのだけれど、ほれぼれします。製糸が日本の基幹産業だったころの財力で建てたビル。片倉工業はえらい。富岡製糸場も会社で保存（いまは富岡市の所有、重要文化財）、上諏訪には女工さんたちの温泉保養施設片倉館も大事に持っています。

ところが、行きはよいよい、京橋の中央公論新社からの帰りは暗然。なんと南口には自由通路がないのだ。こうなると東京駅の長大さがうらめしい。一私企業がこんなに土地を占有して壁のように立ちふさがっていてよいのか。お願いだから〝鍛冶橋回り〟をさせないでくださいよお。というわけで、私はつい入場券で駅を通過する。そしたら構内中央通路案内所近くに浜口雄幸首相遭難現場を見つけてしまった。ちゃんと案内板が立っている。原敬首相遭難現場は南口の改札外にある。

平民宰相原は一九二一年十一月四日午後七時二十五分、京都へ向う直前に襲われ十分後絶命。ライオン宰相浜口は一九三〇年十一月十四日、特急つばめに乗るさい狙撃され、それがもとで翌年死亡。まあ、駅というのはなんと政治的でスリリングなところだろうか。

日比谷通り
読売会館
JR有楽町
交通会館
外堀通り（西銀座通り）
並木通り
西五番街
中央通り（銀座通り）
阪急
数寄屋橋交差点
銀座教会
銀座柳通り
地下鉄銀座一丁目出口
ソニー通り
ガス灯通り
銀座マロニエ通り
松屋
教文館
和光
ソニー
泰明小学校
数寄屋橋通り
地下鉄銀座出口
すずらん通り
木村屋
松屋通り
銀座四丁目交差点
コア
晴海通り
松坂屋
みゆき通り
ライオン
交詢社通り
金春通り
資生堂
花椿通り
画材月光荘

銀座七丁目
内幸町

至桜田門
日比谷濠
北
西
東
南
愛宕通り
日比谷公園
噴水
松本楼
首かけイチョウ
日比谷図書館
日比谷公会堂
帝国ホテル
大和生命
地下鉄内幸町出口
内幸町ホール
JR新橋

銀座七丁目

二十二歳で勤めた町

久しぶりに昼の銀座を歩いた。

私が銀座七丁目の小さなピーアール会社に勤めていたのは三昔前。当然、店が変わっている。建物もずいぶんなくなった。とにかく四丁目の角に戦災にも焼けなかった不動の銀座和光、元服部時計店があるのはうれしい。国の登録文化財、渡辺仁設計、時計塔をもつこの品格あるビルには永遠に建っていてもらいたい。

電柱を地下埋設したためか、昔よりなんだか道も空も広い。銀座四丁目からコアビル、松坂屋をすぎ、七丁目のライオン・ビアホールをすぎると、道の反対側に新しく建った赤い資生堂ビルが見える。スペインの建築家の建てたこのビル、新しい建物の中では好き。エレベーターもトイレもアナログなのがじつに人間的だ。中央通りを横切る道が花椿通り、それを築地側に左折して、二つ目の横丁に、本当にオンボロなオフィスビルがある。まだある。ああ、ここが私が七カ月勤めたところだ。入口からのぞき込むと、昔と同じく薄暗い。

一九七七年、四年前のオイルショックがじわじわと効いて、四年制の大卒女子の就職情況は最悪だった。成績は悪くて、学生運動にもかかわっていた私など、どこへ行くあてもなかった。三十枚ほど履歴書を書いてあちこち送ってみたが、むなしく送り返されるばかり、面接さえしてもらえなかった。

二つだけ受けた「就職試験」の一つがシャンソン喫茶「銀巴里」のオーディション。銀巴里もこの通りにあった。越路吹雪の持ち歌「ろくでなし」を歌手である大姐御《あねご》たちの前で歌ったが、「銀巴里向きでない」の一言ではねられた。ミニスカートでソプラノの私は、男を百人くらい振ってから来なさいよ、といわれたような気がした。

それでも親に扶養されるのはもうイヤだった。何とか自活したくて、かすかな伝手《つて》をもとめ、偶然にも銀巴里近くの銀座のピーアール会社にもぐり込んだ。入社試験は作文を一つ持っていっただけですんだ。日曜日のオフィスに休日出勤の男性がいて受け取ってくれた。ダミアの「暗い日曜日」でもうめきたくなるような日。

新入社員は同じ大学出身のチエコと二人。チエコの方は大学院文学研究科の修士課程を修了していた。二十四と二十二の二人は暗く、ドバトが巣をつくる窓も開かない部屋に顔をつきあわせて、毎日、調査の集計をしたり、新製品発表会の宛名書きをしたり、大量のコピーをとって得意先に届けたりしていた。上司も同僚ものんきないい人ばかりだが、最初はやりがいのある仕事とは思えず、私たちは〝銀座でさぼる〟ことを覚えた。

京橋の得意先までは必ずブラブラ散歩した。銀座通りをウィンドー・ショッピングして、今年の流行の色やデザインを覚えた。行きは東側、帰りは西側を通るのも、大正のモボ・モガと同じ。日によってはソニー通り、並木通り、西五番街、すずらん通りを戻ってきた。昼ご飯は銀座中の安くておいしいランチを探してはたっぷり二時間、

ギンザ
といえば
ライオン…

文学や哲学の話に熱中した。

銀座の裏を一本入ると路地があり、行き止まりに安くてびっくりするほどうまい中華屋、そば屋、ビストロ、バーがあった。初月給の出た日、それは十万円ぽっきり、二人で小さなビストロに入って乾杯。初月給出たんだ、と告げるとシェフが三千円で、ものすごい豪華な料理をつくり、デカンタに祝いのワインを満たしてくれたのもうれしい思い出である。

夕方はなるべく定時にとび出して、チエコと映画を見るか、金子由香利の出演日には目と鼻の先の銀巴里に寄った。夏はまだ陽《ひ》があるうちに、ライオンか、ピルゼンか、数寄屋橋阪急屋上のビアホールでジョッキを飲み干した。いまや交詢社ビルも建て直され、ピルゼンも消えた。新橋花柳界の象徴金春湯《こんぱるゆ》だけが健在。

銀座は私の学校だった。ああ、どれほどの時を銀座でお喋りしてただろう。久しぶりに元の会社の辺をぶらついた。夜食にサンドイッチを買った店はそば屋になり、画廊がラーメン屋になり、銀巴里は閉じて、かつての白い扉もどこかへ行ってしまった。

内幸町
GHQのいた時代

柳家小満ん『べけんや わが師、桂文楽』（河出文庫）は、達意の文章で、著者が一目惚れした師匠文楽を描いた名著である。驚いたのは「黒門町の師匠」といわれた文楽さんの住まいが台東区西黒門町二十二番地だったこと、これはまさしく明治十七年から二十一年まで、かの樋口一葉が住んだ番地である。

何年か前、『一葉の四季』（岩波新書）を書くために、一葉ゆかりの地をへめぐったことを思い出す。一葉さんは二十四年の短い生涯で、十数カ所を転々としていた。竜泉や菊坂の旧居あとには標識もあったが、御徒町の住まいは生保会社のビルに、麻布三河台町の住まいはアパレルビルになっていて、時の流れを感じさせられた。

　では、生まれた第二大区一小区内幸町一番屋敷とはどこなのか。明治五年旧暦三月二十五日、一葉樋口なつは東京府庁に勤める樋口則義の次女として生まれた。一番屋敷構内長屋とは都の職員住宅のようなもので、それが府庁内にあったというのだ。かつての府庁はいまの巨大化した都庁とは比べものにならない「小さな政府」だったようである。

　私は「日比谷シティあたり」などとあいまいなことを書いたことがあるが、千代田区内の文学史研究者新井巖さんは「いまの内幸町ホールあたり」とつきとめた。このあたりはかつての大和郡山藩上屋敷。十五万一千石で、初代の殿様は柳沢吉保の子吉里である。新井さんたちは五千円札になった一葉生誕の地を紹介しようと、その近くに碑を建てた。

　都営三田線で一本なので、銀座へ行くにも霞が関・虎ノ門方面へ行くにもこの「内幸町」という駅でよく降りる。ひまがあると日比谷公園に沿ってぶらぶら歩く。大和生命のあたりが、コンドルの設計した鹿鳴館あと。ここで条約改正のため、馴れぬ洋装で夜ごとダンスを踊ったりしたのかと感慨しきり。その少し先にあった帝国ホテル、

日比谷公会堂
この建物も
年季入ってます

F・L・ライト設計の旧本館は明治村へ移された。

日生劇場は村野藤吾の代表作といってよい。村野藤吾は明治の大建築家辰野金吾や曾禰達蔵らと同じく、佐賀の唐津の出身である。中学の時、ここで「劇団四季」の「アントニーとクレオパトラ」や「トロイ戦争は起こらないだろう」「白痴」などを観て芝居にめざめた。

隣の宝塚劇場はGHQが接収しアーニー・パイル劇場だったが、この近くの第一生命（DNタワー21）に連合国軍総司令部が置かれていたからだろうか。

このあたりなんとも、戦後期占領の痕跡が色濃い。といったって、私はその時代を生きてはいなかった。しかし東京でもっとも愛する建物の一つ、日比谷三信ビル（昭和五年）を粘り強い保存運動があったにもかかわらず壊してしまったというのは信じがたい話だ。設計は日本工業倶楽部と同じ松井貴太郎（横河工務所）。あの日本では珍しいヨーロッパ風の内部のアーケード街を壊すなんて。

ぶらぶらと公園内を戻ってくる。日比谷公園は明治三十六（一九〇三）年、日本初の洋式庭園としてつくられた。面積十六万平方メートルとニューヨークのセントラルパークほどではないが、都心の貴重な緑だ。日比谷図書館で調べものの帰り、松本楼のテラスでビールを一杯が楽しみだった。本多静六博士が移植保存を請負ったいわゆる〝首懸け銀杏〟が亭々とそびえる。

だいぶ前、日本プレスセンタービルの十階で後藤新平に関するシンポジウムが行われた。レセプションに移るあいだ、窓から眼下に日比谷公園と、後藤の発議によって作られた東京市政会館（内に日比谷公会堂が入っている。昭和四年竣工・佐藤功一設計）を眺めた。

そしたら突然、震度４の地震。司会者は「これは新平さんの天からの挨拶でしょう」ととっさに洒落ていたが、たしかに震災後の東京をつくり直した後藤を顕彰するのに、内幸町はもっともふさわしい場所だったかもしれない。

六地蔵
峡田小
明治通り
荒川区役所
官地稲荷
荒川仲町通り
旧真土小
三河島
焼肉屋さん
銭湯 雲翠泉
七五三通り
館
湯
帝国湯
東京朝鮮
第一初中級学校
猿田彦
神社
ニュー
マルヤ
黄金湯
第三日暮里小
カンカン森
通り
第二
日暮里小
尾竹橋通り
北
西
東
南
日暮里南公園
ぎし
三平堂
竹台高校
書道博物館

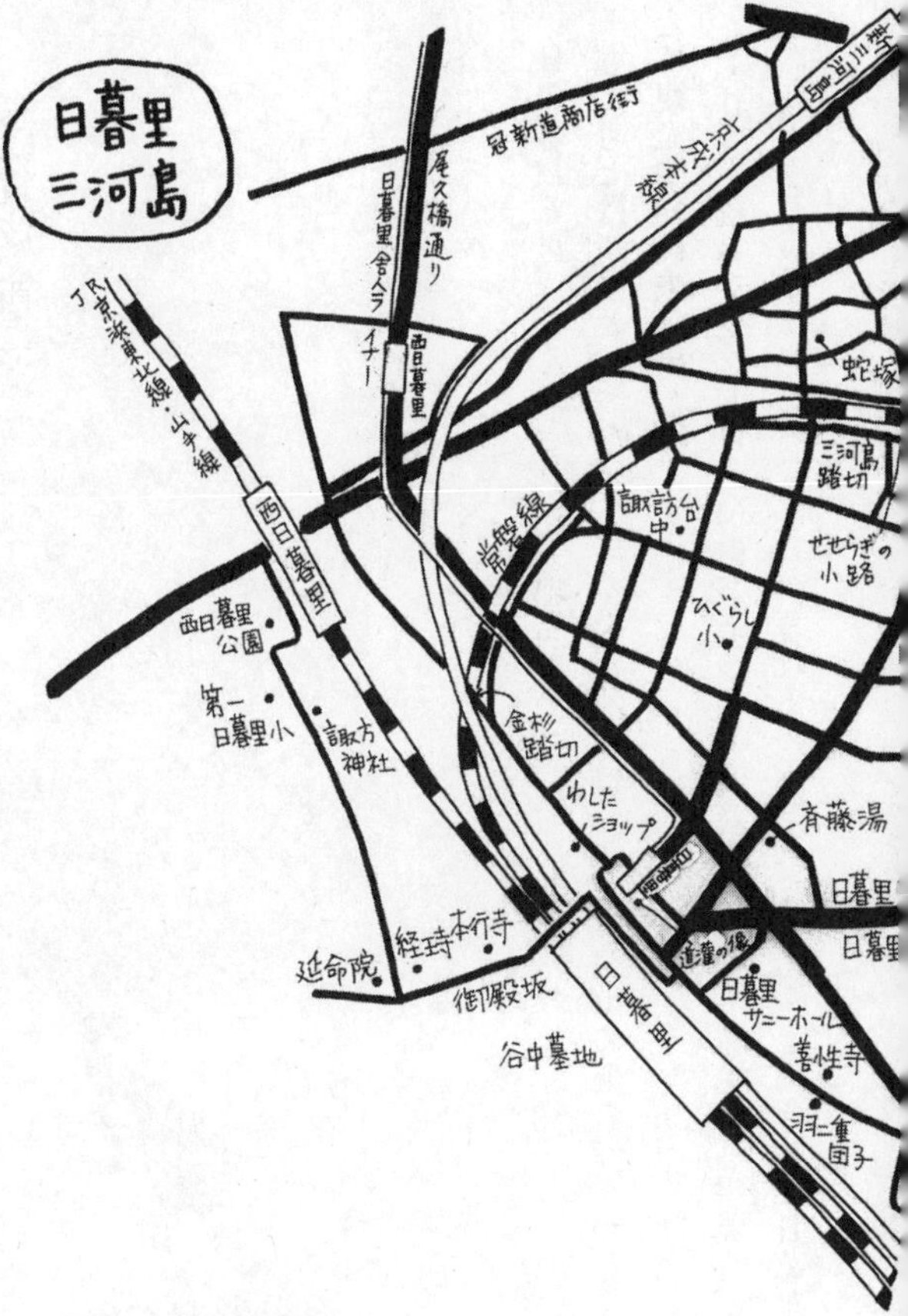

日暮里
三河島
冠新道商店街
京成本線
新三河島
尾久橋通り
日暮里・舎人ライナー
西日暮里
JR京浜東北線・山手線
西日暮里
常磐線
蛇塚
三河島踏切
諏訪台中
せせらぎの小路
ひぐらし小
西日暮里公園
第一日暮里小
諏方神社
金杉踏切
わしたショップ
斉藤湯
日暮里
日暮里
道灌の像
日暮里サニーホール
善性寺
羽二重団子
経王寺
本行寺
延命院
御殿坂
谷中墓地
日暮里

日暮里
東に筑波、西に富士

日の暮れる里、なんてきれいな地名だろう。

もともとは新堀《にいぼり》といった。江戸の場末の農村。ところが山の上の寺々が花や木を植えて観光開発に乗り出した。

上野の山続きで足を向けるにはおあつらえ向きのところ、花見寺、雪見寺、月見寺と名所も現れ、享保のころより日の暮れるのも忘れて遊ぶ、というので日暮里の字が

当てられた。高台には日暮里谷中の総鎮守・諏方神社があってお祭りのとき以外はいたって静かだ。

本行寺の前を自転車で通ると石に腰をかけたおじいさんが足をぶらぶらさせてひなたぼっこをしている。なんだかかわいい。いつもは京成線で野菜を担いで来たおばさんたちのいるところだ。本行寺には漢詩人の市河寛斎、その子で書家の市河米庵、幕末の外交官・永井尚志などの墓もある。

一気に御殿坂を下りる。ここは昔、乞食坂といったところだ。明治二十年に日暮里に火葬場ができ葬列がここを通ったので、そのお布施をあてにして来るおもらいさんが多かったそうな。明治二十九年になくなった樋口一葉もここで「日暮しの煙り」となったはず。火葬場は明治三十七年に町屋に越した。

今日は駅の向こう側に行ってみる。昔は一体であったのだろうけれど、明治の三十年代に線路ができて町は分断された。

太田道灌の像があってのんびりしたロータリーのなんという変わりようだろう。足立方面に向かって日暮里・舎人ライナーという新交通システムができたのだ。

日暮里駄菓子屋街だった所にも高層ビルが建っている。子供の遠足の時などお菓子を仕入れにいった焼跡闇市の雰囲気を残すところだったが、防災上、危ないと取り払われ、ビルの中にはいってしまった。

東に延びる日暮里中央通りが繊維街。ファブリック・ストリート、テキスタイル・ストリートと横文字もついている。私も所帯を持ったころはカーテンでもテーブルクロスでも子供服でも、みんなここで安い生地を買って縫っていた。可愛らしい木綿プリントからカーテン地、レース地、フランスの輸入ドレス生地、タイシルクと店によってお得意がちがう。かわいいボタンやりぼん、アクセサリーもあれば、ママさんコーラス用衣装、フラダンス、社交ダンスの衣装を売る店もあって、眺めるだけでも楽しい。

その先の第二日暮里小学校前の洋食「ニューマルヤ」が私のお気に入り。平家のツタに覆われた小さな店。店の中はシンプルで清潔。白い壁に焦げ茶の木がアクセントになって、キッチンとの間仕切りの磨りガラスとか、白いテーブルの足の形、椅子の形すべて昭和三十年代そのもの。店の中にツタが侵入しているのもご愛嬌。ここの洋食は海老フライにしてもハンバーグ、オムライスにしても清楚です。あっさりしている。そのメニューの記されたセルロイドボードもなつかしい。

ホントに植物に覆われていて店の外観がよく
わからない、ニューマルヤ

これからどっちにいこうか。すこし北のカンカン森通りを通る。いい名前だ。第六天の杜をいったらしい。ここに老いも若きも共生する「カンカン森」なるコレクティブハウスあり、こんなところでいつか暮らしてみたい。その近くは古紙やペットボトルなどのリサイクルタウンである。

また走って日暮里南公園に出た。噴水の池などあって、昔よく子供を遊ばせたものだが、そのころは東京でも最後の一人とかいう紙芝居屋さんが夕方になると来てくれるのだった。都立竹台高校のあたりは質商吉田丹左衛門の大きな屋敷のあったあたりである。

尾久橋通りから昔の音無川の細いみちに入る。石橋湛山の墓のある善性寺の前、羽《は》二重《ぶたえ》団子で休憩しよう。日暮里駅前にもきれいな店ができたが、やはりすがれた本店の方が落ち着く。その昔、羽二重のような歯ざわりと称された、餡と生醤油の団子がセットで四百円、お茶も飲み放題とはありがたい。

そこから日暮里駅前「わしたショップ」で海ぶどうと泡盛などを仕入れ、帰りは山に上がるのが面倒なので、そのまま西日暮里の切り通しをめざす。途中にある常磐線を越す金杉踏切も私の気に入りの場所なのだ。

三河島
高村光太郎が通った町

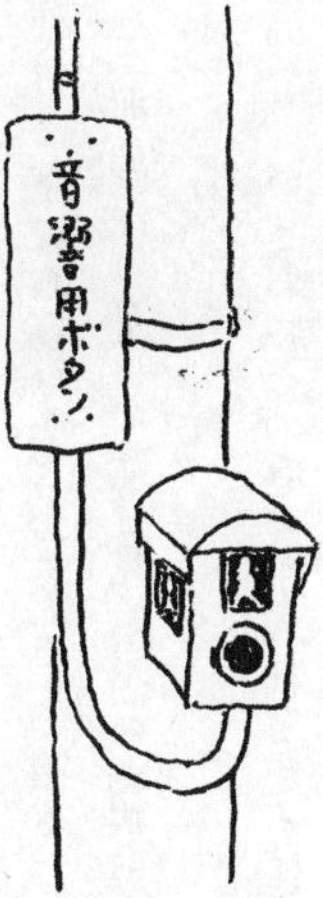

今日は三河島を歩く。三河島は京成本線とJR常磐線が通っている。上野を出た常磐線は日暮里でぐるっと北西に進路を変えていく。日暮里駅も三河島駅もできたのは明治三十八年。それまでここは江戸の近郊農村。地名の由来は、家康とともに三河の国を出てきた農民に与えられたので三河島というとか、諸説紛々。徳川家の菩提を弔う寛永寺ができたとき、ここは日暮里、金杉などとともに最初の領地であった。権現様の領民という自負はつよかったようで、寛永寺の餅つき歌というのが残っている。めでためでたの若松さまよ、枝が栄えて葉も茂る、というようなものだ。

土地の古老に聞けばここは三河島菜が有名で、その葉を漬けた漬け物も知られた。結球しない白菜みたいな野菜で、江戸の町民にビタミンを供給していた。「あなたと私は三河島」というのは「いい菜漬け」、許嫁のしゃれである。「見交わす」も掛けているのだろう。もうひとつ枝豆でも有名だった、と三河島の総鎮守・宮地稲荷の案内板に書いてある。

地名を冠した野菜として谷中しょうが、汐入大根、小松菜、滝野川人参、千住ネギなどがあるが、どれもご当地でとれなくなって久しい。もっとも谷中しょうがは台東区谷中でなく、谷中本といわれた低地周辺でできたものである。根が赤と黄色、茎が白、葉が緑の美しい野菜を藁で束にし、寛永寺の夏の贈答用品として用いられた。

宮地稲荷は総鎮守といっても小さい社で脚気に霊験あらたか、お参りして治るとわらじを奉納したものだという。江戸時代、三河島には将軍が鶴を見に来る「鶴お成り」があった。十一代将軍家斉など八回も来ている。

江戸には大名屋敷・旗本屋敷が多かったので、いきおいその庭の手入れをする植木屋も増え、三河島周辺にも伊藤七郎兵衛、村田藤十郎などの有名な植木屋がいて素晴らしい庭を造り、鶴お成りのあと将軍が寄ったりした。これは「お通り抜け」といっ

て名誉なものであった。

幕末には幕府の御用金を幕府御用達の植木屋伊藤家に運び込んだとの噂もあり、埋蔵金を探す人々がこの辺をうろうろしたそうである。また上野戦争の当日、寛永寺の輪王寺宮は三河島に退去、植木屋で昼食を摂ったという。領地だから安心だったのでもあろう。

その場所とは宮地のロータリー一帯。この名前も懐かしい。子供の頃、タクシーでこのすぐそばの寿司屋によく行ったし、浅草に行く時もここを通った。いま日暮里方向から来ても直進すれば荒川の尾竹橋、左折すれば王子、右折すれば三ノ輪、左手前の道は西日暮里に通ずという複雑な五叉路で、昔から交通の要衝であった。

なんだか農村の風情を残すこの辺りが好きだ。材木屋、銭湯、町工場、かつてのあぜ道のように曲がりくねったみち、子供たちが「あとで遊ぼ」「いくよ、行くから待ってろ」「来なかったらぶっ飛ばす」なんてやってる。とことこ歩くと六地蔵に出る。寛文十二（一六七二）年の庚申塔、大日如来などが並んでいる。

駅の近くまで戻り細くてまっすぐな商店街をゆく。八百屋、魚屋、肉屋、みんな昔風の店構えで立ち話しする人も多い。いっぽうその一本南側はずらりと韓国料理屋が並ぶ。キムチやナムルを売る店も多く、韓国語が飛び交う。真土小学校跡にはＮＰＯの多文化共生センター東京も活動している。

千駄木にいた高村光太郎は戦前の一時期、上野や銀座より、この三河島あたりの居酒屋を愛したという。

この辺、地図を見ても複雑でよくわからず、迷いながら楽しんで下さいというしかない。日暮里と谷中本との境である蛇塚を見つけ、そこから三河島踏切を渡って日暮里に戻ってきた。庶民的で好きな町だ。

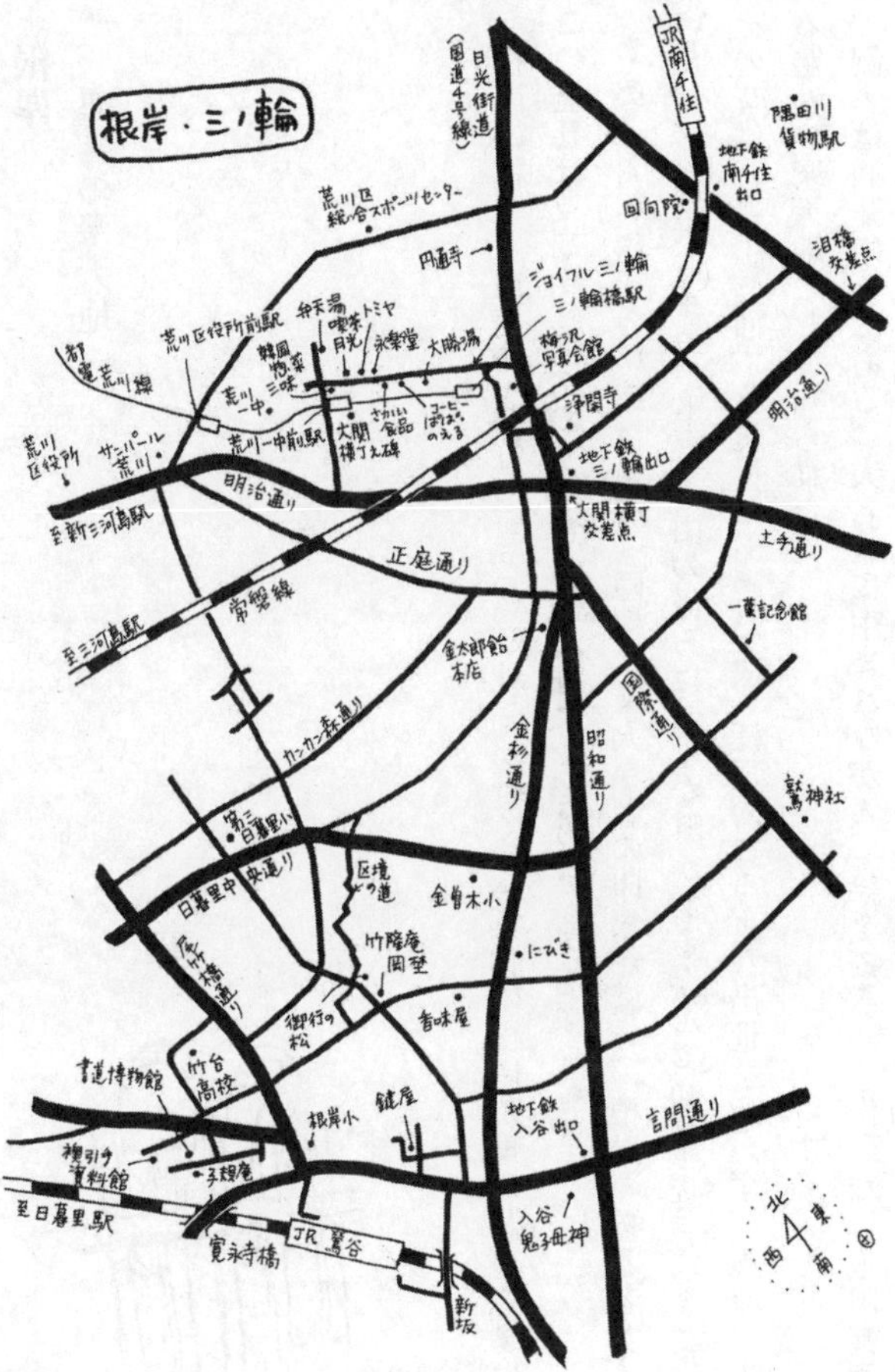

根岸・三ノ輪
日光街道（国道4号線）
JR南千住
隅田川貨物駅
地下鉄南千住出口
回向院
泪橋交差点
荒川区総合スポーツセンター
円通寺
ジョイフル三ノ輪
三ノ輪橋駅
荒川区役所前駅
弁天湯
喫茶トミヤ
月光
永楽堂
大勝湯
梅沢写真会館
韓国惣菜三味
都電荒川線
荒川一中
荒川一中前駅
さかい食品
コーヒーぽえむのえる
大関横丁碑
浄閑寺
明治通り
荒川区役所
サンパール荒川
地下鉄三ノ輪出口
大関横丁交差点
至新三河島駅
土手通り
正庭通り
常磐線
至三河島駅
一葉記念館
金太郎飴本店
国際通り
カンカン森通り
金杉通り
昭和通り
鷲神社
第三日暮里小
日暮里中央通り
区境の道
金曽木小
尾竹橋通り
にびき
竹隣庵岡埜
御行の松
香味屋
竹台高校
書道博物館
根岸小
鍵屋
地下鉄入谷出口
言問通り
袖引き資料館
子規庵
至日暮里駅
JR鶯谷
寛永寺橋
入谷鬼子母神
新坂
北
東
西
南
4

根岸

塵外の楽天地

根岸は古い土地で、「呉竹の」という枕詞が付く。「呉竹の根岸の里のわび住まい」、この上五は、「ふる雪」や、でも「梅が香に」でもなんでもよい。

そのくらい根岸といえば風流、隠棲、文人墨客の印象が濃い。根岸のある老女に聞いた。「嫁に来るまで、上野の山の後ろにこんな町があるなんて知りませんでした」。

その昔は音無川に面する農村であったが、江戸のころより出世を願わず、風流に生きる塵外の楽天地として知られた。

例えば酒井抱一である。大名家に生まれながら、絵を描き詩を作った。亀田鵬斎で

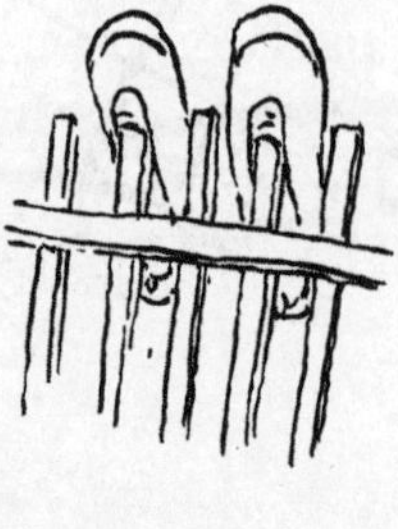

ある。寺門静軒である。

明治になるとここに根岸党なる連中が集まった。岡倉天心、森田思軒、幸堂得知、饗庭篁村、まだいる。これは政治的結社でも文学的結社でもなく、単なる遊び仲間だったというのがゆかしい。彼らは御前と三太夫に扮して旅をしたり、下谷の料亭伊予紋で飲んだり、森田思軒を、「田心の車干しの翁」と分解したり「モタシケ」と略したりした。言葉遊びの会でもあった。

今日は日暮里駅から駅際の道をゆくと以前紹介した善性寺、彰義隊士顕彰の碑もある。その前、谷中墓地から下りて来たところが芋坂の羽二重団子。その昔は藤の木茶屋と言った。この辺り、里芋畑が広がっていたのでその名の坂がある。この近くに住んでいた正岡子規に「芋坂の団子屋寝たりけふの月」の句があるが、夏目漱石も森鷗外も、田山花袋も泉鏡花もゆかりの店だ。

音無川沿いにさらに進んで、右に入るとややこしい道であるが正岡子規の旧居子規庵にたどり着く。日本近代、短歌と俳句に大きな仕事を残した子規。彼は慶応三年、愛媛の松山に生まれた。十六歳の年に上京、帝国大学文科大学国文科いまの東京大学にはいるも学校の勉強が嫌いで、ひたすら句が作りたく落第。そのころ明治二十五年に、母と妹も上京させ、根岸に居を定める。それから明治三十五年の九月十九日、亡くなるまでここに住んだ。長く病床にあって、その小さな庭は彼の詩想の根源であった。

くれなゐの二尺伸びたる薔薇の芽の針やはらかに春雨のふる

私の一番好きな歌だが、その他にも子規が詠んだ草花がそのままに咲いている。

糸瓜咲て痰のつまりし仏かな

子規の逝った六畳で、ガラス戸越しに庭を眺めてみる。この辺りも建て込んでしまった。「上野の山も見飽きたり」と詠んだ山の景色はない。しかし上野の山沿いに走る電車の音が聞こえる。この家は二軒長屋のひとつで、大正の震災は免れたものの、戦災ですっかり焼けた。しかし、子規を思う人々によって子規庵は守られ、いまも民間の手で、何の公的援助もなく運営されている。五百円の入場料によって支えられて

子規や鏡花とも縁があるらしい。
羽二重団子
うまうまです。

いるのだ。
みちの反対側に書道博物館がある。明治の洋画家である中村不折は、フランスで絵を学んで帰ったが、日清戦争に記者として従軍したのを期に書の研究家ならびに書家となり、この博物館を設立した。分かりにくい場所なのに、けっこう見学者が多いのに驚く。中国伝来のすばらしい書も多いがなんといっても中村不折の書が独特だ。森鷗外、中村彝、荻原碌山などの墓標の字も不折である。彝という字に長らく疑問があったが、これはもとは酒を入れて常に供えておく器のことだと知った。発展して「不変」「人の守るべき道」という意味になった。

大通りに出て渡り、竹台高校まえの一本裏のみちを斜めにはいっていく。どんどん歩くとまだかろうじて両側に木造の古い民家がある。ここも震災、戦災を免れた町だ。柳通りには竹隆庵岡埜、ここのこごめ大福はおいしい。ひょいと左を見ると御行の松。これも根岸の名物で樋口一葉日記にも出て来る。この辺り、せんべい屋、和菓子屋、焼き鳥屋などなど。洋食の香味屋も花街により栄えた店。メンチカツやグラタンがおいしい。金杉通りに出るとここにも古い急勾配の屋根の民家があって、そのひとつがふぐの名店「にびき」である。路地の奥には、場所が移ったものの、江戸から続く居酒屋「鍵屋」。どれもこれもずっと残ってほしいようなたたずまい。

遣羽子《やりばね》や根岸の奥の明地面《あきじめん》　子規

三ノ輪
荷風の愛した浄閑寺

入谷から三ノ輪まで、表通りの昭和通りは味気ないので、一本裏の金杉通りをずんずん歩く。この一本裏が確保されているというのは素晴らしいことだ。「金太郎あめ本舗」の少し先で金杉通りは昭和通りと国際通りと三本いっしょになって、明治通りと交わる。ここが大関横丁。バスで来る時は池袋から浅草寿町行き、63系統に乗って来て、大関横丁のバス停で降りる。子供の頃、ここにはお相撲さんがいっぱい住んでいるのだと思っていた。そうじゃなくて、黒羽藩主大関信濃守の屋敷がこのあたりにあったということだ。

大変な交通の要衝である。だって明治通りと昭和通りが交差するのだ。ところで大正通りってあったっけ？　なんてふざけていたら宮城県に住む同行の真理ちゃんが、これ国道四号線だ。このままいけば仙台です、とうれしそうにいった。ということは奥州街道、日光街道であって、上野彰義隊も輪王寺宮もここを落ちのびて行ったはず。

地名は台東区三ノ輪であるが、荒川区との区境であって、三ノ輪の浄閑寺は地番でいうと荒川区南千住にある。ここは永井荷風がよく訪ねていた。浄土宗のこの寺は一六五五年、明暦元年に創建され、安政の大地震の際、近くの吉原で死んだ遊女を投げ込むように葬ったことから投げ込み寺と呼ばれる。境内には墓が林立し、その中に新吉原総霊塔もあり、「生まれては苦界、死しては浄閑寺」の花又花酔の言葉が刻まれている。真理ちゃんとふたり、昔生きていた、幸せとは縁のなさそうな同性に手を合わせる。

そのほか若紫の墓とか、曰くありげな墓碑が多い。この寺を愛した荷風の詩碑もある。「震災」と題された詩碑は、大正の大震災で壊滅したわが愛する東京がテーマ。もっとも「われは明治の児ならずや」とうたった荷風にとって、大正十二年ではもはや団十郎、菊五郎、一葉、緑雨、鷗外、円朝、紫朝など「わが感激の泉」は「とくに

浄閑寺新吉原総霊塔
裏手の住宅がいいかんじです

枯れたり」であったのだが。

この寺に写真家の荒木経惟《のぶよし》さんと来たことがあった。アラーキーはこの寺のまえの下駄屋の息子さんであった。

そこから電車の高架をくぐると左手に梅沢写真会館という古いビル。その下をくぐり抜けると都電の三ノ輪橋。くぐるところにある木の台に雑誌や新聞をぱらぱらと並べて売っているおばさんがいる。その人と長話をしているおじさんの後ろ姿といい、腰の曲がり方といい、もう下町そのものなのだ。

その駅のあたりにも年を経て飴色になった煎餅屋、菓子屋、佃煮屋がある。それがわざとレトロにこしらえたらしい駅のトイレや電柱とあんまり合いすぎて、まるで映画のセットのようだ。冬の日が落ちるのは早く、物悲しい色の街灯の向こうに暮れなずむ空と灰色の雲。黄色い都電が車中だけ金色に光らせて出て行くところだ。

そこから私のお気に入りの商店街、ジョイフル三ノ輪がはじまる。疲れた時はここの商店のそれほど威勢良いわけではないがつつましく、なにげない野菜や魚の並べ方を眺めるとなぐさめられる。総菜も揚げ物もとびきりうまいとは思わないが、そこそこの味。よろずや、さかえや、みのりや、とこれまた当たり前な店名を眺め、小さな整体院に入る。ここは保険がきくし、赤外線をかけたりせず手もみなのがうれしい。

横丁からのぞくアパートや電線、路地の赤提灯、物干し台のシルエット。住むならやっぱりこういう町に限るなあ。「さかい食品」のおじさんふたりの、餃子の皮に餡をのせ、指先できゅっきゅとひだを寄せて並べる手際の見事さよ。それから「トミヤ」で焼肉用にコブクロとミノを味付けしてもらう。百五十ぐらいね、といったら、百なの百五十なの、ぐらいはやめてはっきりしてよ、としかられる。帰ってこれを卓上の炭火で焼こう、とわくわくする。

永楽堂では子どものころのなつかしいお菓子シベリアを売っている。カステラに羊羹をはさむなんて誰が考えたのだろう。このネーミングも。ああ、われは昭和の児ならずや。

西新井橋
荒川
尾竹橋
隅田川
馬頭観音
馬捨場跡
新渡し跡
尾久の原
公園
旭電化通り
大門小
子育
地蔵
ぬりえ
美術館
お茶屋の
渡し跡
（お竹の渡し）
一本松の渡し
一本松跡
地下鉄
町屋
出口
町屋斎場
町屋駅前
町屋
二丁目
浜作
もんじゃ
会館
町屋
荒川七丁目
荒川自然公園
三河島水再生センター
荒川二丁目
荒川区
役所
荒川区役所前
三河島
JR常磐線

扇大
江北橋緑地
東京水辺ライン
発着場
「花」を奏でる
ことができる
グロッケン
小台の
渡し跡
小台橋
尾久橋
梶原の渡し跡
船方
神社
あらかわ
遊園
馬場子育稲荷
華蔵院
延命子育地蔵
大阪屋
小台橋
みずき通り
荒川車庫前
荒川遊園地前
熊野の
渡し跡
首都大
東
八幡神社
宮ノ前
都電荒川線
明治通り
小台
尾久
西小
小台
銀座
小台大通り
碩運寺
寺の湯跡
東京女子
医科大学
病院
JR東北本線・高崎線
尾久
華味
熊野前
熊野前商店街
上中里
鉄道模型
常設運転場
のぞみ会
梅の湯
尾久小
田端
変電所
東尾久
三丁目
尾久
操車場
尾久本町通り
仙石
湯
尾久銀座
尾久橋通り
赤土小
赤土小学校
JR京浜東北線
田端
操車場
日暮里・舎人ライナー
JR山手線
田端
京成本線
西日暮里
西日暮里
あらかわ遊園
町屋
北
西
4
東
南

あらかわ遊園

自然体で生きていける

子供の頃、まだ地下鉄は通っていなくて、山手線とバスが主な交通手段であった。歯医者だった父の話にも小台《おだい》のなんとかさん、尾久のなんとかさんという患者さんがよくでてきた。おおかたバスで通ってくれた方たちだ。

動坂には荒川土手から東京駅北口行きのバスが今も走っている。私もバスに乗ってあらかわ遊園にいった。区が運営する小ぶりな遊園地で、昔はわっかの中に乗ってぐるんぐるんとまわるじつにスリリングな遊具があったものだ。

小台のバス停で降り、都電荒川線にそって一駅歩いた。わくわくメルヘンランドと

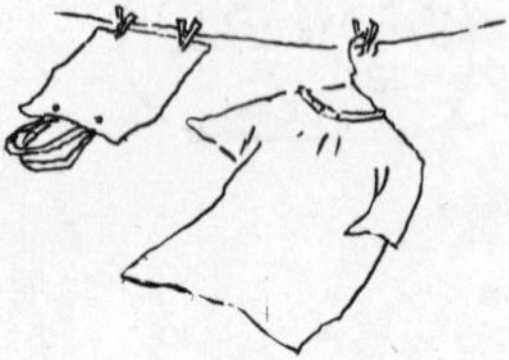

いう大きな看板に迎えられる。今日は冬なのにあったかくて、園に通じる公園でもお年寄りたちが日向ぼっこ。薔薇の花も咲いている。スポーツハウスには大きなプールもあり、この向こうの共同住宅の人はいいな、と考える。

入園料は二百円だった。乗り物はたいてい大人二百円。やっぱりあのなつかしの回転わっかはない。今思ってもあれはかなり過激な乗り物で、子供が逆さになったりするのだから事故が起きない方が不思議なくらいだった。今ある遊具は幼児用ばかり。それでも大人のセンチメンタルジャーニーでひとり観覧車に乗る。いっとう上までいくと眼下はコンクリ護岸の荒川。青い空に新宿のビル群まで見えた。残念ながら富士山は見えなかった。

小さな動物園もあって、キンカチョウに見とれたりした。それで十分満足だ。園を出て、左折すると長ーいレンガ塀がある。これも覚えていた。何かの工場のあとに住宅がびっしり建ったのであろうか。とにかくこの辺は迷路だ。大方農村のあぜ道のあとだろう。ひとつとして十字路がない。まっすぐな道がない。まるでベネチア。

小台通りに出て大阪屋なるおでんやでチーズ巻きをほお張りながら、レンガ塀のなぞを聞く。「おおかた軍需工場のあとなんじゃないの」とのこと。

都電小台駅前からななめの小台銀座にはいっていく。いろんな声が聞こえる。「おにいさん、みょうがいくら?」「あ、ひさしぶり」「お、めずらしいね」。「生まれたの?　どっちだった?」「おんなのこ、わかってたんだけど」。かと思うと「大根一本大根一本」とかけ声を掛けながら自転車を漕いでいるおばあさんが通る。荒川がこよなく好きなのはこんなとこ。

ちょっとお腹がでていても、ちょっと失業していても、気にしないで生きていける。「華味」という錦州餃子の店がある。さっきおでんをつまんだばっかりなのに、ふらふらとはいってしまった。「十個で五百五十円、でも五個でもいいですよ」とおねえさん。

美人はいても、美人でやさしい人というのは少ない。そんな人。「錦州は大連と反対の海、遼東湾に面している。チンチョウといいます。瀋陽《シエンヤン》に近い。九年前に日本に来ました」。

ぱりっと焼けた皮。「中身は白菜とニラ。肉は肩ロースのおいしいとこを自分で挽いてつくるの」、それがひと味違うゆえんかも。「にんにくは入ってないの。中には入れない。あとで醤油の方にちょっとすって入れる。これ本場の食べ方、おいしいよ」。

あらかわ
遊園
ヤギもいる
ヒツジもいる

今度はガツの炒めや玉子トマト炒めで一杯やろう。「ぼくらの町は川っぷち、煙突だらけの町なんだ」と、NHKで聞いた昔の歌が口に上る。倍賞千恵子が歌っていたが、彼女のもうひとつの歌「下町の太陽」、そんな感じのおねえさんだった。

家に帰るとあらかわ遊園は広岡煉瓦工場の跡地であり、あのレンガ塀もそれにかかわるものらしいとわかった。その工場は失火で廃業したという。

町屋
ぬりえの思い出

高村光太郎が都心向きの電車には乗らず、三河島の居酒屋を好んだように、私も地下鉄を都心と反対向きに乗ることが多くなっている。三田線なら、神保町、日比谷辺りは好きだったのに、今は巣鴨、西巣鴨、板橋の方が気持ちがほどける。千代田線なら、大手町、赤坂、表参道方面より西日暮里、町屋、北千住のほうがいい。ということで千駄木から五分の天国を見つけたのだ。

町屋駅前は再開発もあってビルが建ち並んでいる。しかしよく見ればそこここに古い商店があるし、ちょっと横丁にはいっても赤提灯がみえる。多いのはママチャリ、ショッピングカートのおばあさん、ステッキの老人、みんな道で堂々とゆっくりやっているから、この町は車が注意して申し訳なさそうに通る。安売りの店がやたら多い。こじゃれた店がないのがいっそ気持ちよい。

町屋がもんじゃ焼きの元祖を名乗って久しい。母と妹と娘を誘って真昼間、噂の「浜作もんじゃ会館」にいった。なんてことないソースと油にまみれた店なのだが、すぐにいっぱい。この煮しまった感じが人気のひみつかも。近所の家族連れが多く、砂肝ちょうだいなんて常連ぽい注文。出てきました、ボールに一杯の砂肝。それをどろどろと鉄板にあけ、じゅうっと煙が立ち、しゃっしゃとかき混ぜ塩胡椒をふって、するとものすごいいい匂いが漂ってきた。

「すみません、わたしたちもあれ」といってみたら「あれでおしまいです」だって。くやしいなぁ。母は浅草育ち、もんじゃはしらないけど、おかかと赤いショウガを小麦粉に入れた十銭焼きはなつかしいそうだ。

女四人、鉄板を囲んで日頃の喧嘩を忘れる。たっぷり食べて、腹ごなしに都電沿いを歩き、ぬりえ美術館まで行ってみた。これも母のリクエスト。蔦谷喜一という有名なぬりえ画家、戦前はフジヲの名で活躍、戦後、「きいちのぬりえ」で人気があった。

尾久の原公園　だだっ広ーい湿地と池
トンボもいるらしいケド今は冬。
渡り鳥でいっぱいでした。

私も文房具屋さんでこのぬりえを買ってはクレヨンで塗った。月平均百万セット売れたという。戦前の母のころはベティちゃん、藤娘など。懐かしい、と喜んで八十の母が子供時代の思い出をしゃべり出す。回想療法とでもいうのだろうか。

この美術館をつくったのはきいちの義理の姪に当たる金子マサさん。「昔は駄菓子屋で一袋五円で売っていて、子供が自分で買えました。まだ世の中が貧しいころ、すてきな洋服と髪型、暮らしぶりを描き、色を塗れば夢がひろがるものでした」。館内はそう広くないが、備え付けのぬりえを塗っていると時間が経つのを忘れる。

そこからとことこ歩いた尾久の原公園、むかしの旭電化工場跡。こんなに整備される前、小学生の子供たちを連れてよく来たものだ。ただ草の山があり、池があり、そこにじゃぶじゃぶはいって遊んだ。トンボ広場といったが、それがすっかりきれいになって、子供たちの声が大きい。向こうは川。この辺のマンションの周辺は電線もないし、緑地が多いし環境は最高だ。

かつての都立医療技術短大が都立保健科学大学となり、首都大学東京に統合されて、そのキャンパスも広い。よく行った「レッドロブスター」はなくなっていたが、「る・ぷら」というフレンチレストランは健在のもよう。この次来てみよう。

鼎談　散歩、わたし流

森まゆみ・内澤旬子・川原理子

小さい時から散歩好き

森　江戸時代は隅田川が母なる川だったと思うのですが、どんどん東京が西に発展して、隅田川が東の端を流れるようになった。私の母の家は江戸の初めから日本橋矢倉町にあったらしい。太平洋戦争の時、母は浅草で、父は芝で空襲にあい、焼けだされました。戦後二人が出会い、落ち着いたのは文京区動坂。私はそこで生まれたの。だから上野が一番近い盛り場。あと、母が懐かしがるので、子どものころは浅草ばかり行ってた。イラストを描いて下さった内澤さんは、お生まれはどちらですか。

内澤　鎌倉です。横浜の公団団地に五歳までいて、小学校に上がると同時に鎌倉の新興住宅地でした。

森　散歩するのは、小さいときから好きでしたか？

内澤　子供のときから強烈な方向音痴でした。いま筑摩書房に来るのにも迷いました（笑）。二回曲がるともうダメ。

森　私と同じだ。地図も読めない女？

内澤　地図は読むけど、東京では見栄っ張りで地図を持ち歩かないために、一向に覚えない。

森　なんで見栄張るんですか？　そこで。

内澤　田舎者だからですよ（笑）。森さんは、ずっと昔から散歩が好きですよね。

森　散歩好きというか、生まれたうちが狭

いからね。焼けだされた両親が所帯を持ったのは、長屋の片っぽでしょう。十五坪ぐらいのところに家族五人ひしめいていたし、しかも、一階は歯医者の医院だったから、逃げ場がないのよね。だから、家にいるのがとにかくイヤで。

あと、小学校のときから郷土史クラブだったのよね。

内澤　ほんとに歴史好きなんですねえ、筋金入りの。

森　私の通っていた誠之小学校に郷土史クラブというのがあって、あるとき、すごく素敵なおじいさんが風呂敷に資料を包んで持ってきて、本郷西片町の歴史を話してくださったのね。いま思えば、福山藩（広島）の阿部のお殿様だったんですよ。老中阿部正弘の子孫ですが、東京大学の教授で、雲の研究者だったみたい。俄然興味が湧いちゃって、西片町を探検したんですね。それが町を歩くきっかけだと思います。

内澤　昭和何年ぐらいのことですか。

森　三十九年ぐらいかな。中学のときは学校のあった大塚辺をグルグル回って、夏休みの宿題に写真を撮って歩いたり。そのときに撮った写真をまだ「谷根千」（地域雑誌）でも使っているのよ。その頃、谷中の五重塔跡で野球をやっていた子たちとか、雑司ヶ谷の鬼子母神の鳩とか。ハーフサイズで撮った写真。あれは三十六枚撮れるのか。私は昭和二十九年生まれですが……。

内澤　私は昭和四十二年です。

森　ああ、そんなに差があるんだ。理子（地図を描いた川原理子さんは森さんの娘さん）は？

川原　昭和五十六年です。

森　そうすると、十四位ずつ違うのかな……。それだけ東京辺りも風景が違ってきたと思うんですよ。

内澤　サトちゃんは、どこで生まれたの？

川原　千駄木三丁目です。

内澤　何回ぐらい引越をしましたか。

川原　三回ぐらいですね。

内澤　ずっとあの谷根千近辺ですよね。

川原　中学生までは町にいましたけど、高校はちょっと遠くて、吉祥寺。大学は鶴川です。中央線沿いとか、京王線沿いとか、小田急線沿いを途中下車して散歩していました。

内澤　やっぱり、散歩の遺伝子が入っていますね。

川原　いえいえ、交通費をうかせるために歩いてました。谷根千あたりに内澤さんが住むようになったのは、好きだったからですか？

内澤　結局、もともと連れ合いの河上があの辺に住んでいたので。あの人は好きね。

でも、私は谷中の初体験は、大学四年のときの就職活動辺りで……。

川原　えっ、就職活動なさったんですか？

内澤　しましたよ～。そのとき、就職活動に疲れて、歩いていて上野の公園を突っ切ったんですね。気がついたら谷中の骨董屋にいた。そこにガラスの勾玉があって、いったん帰って、それでも欲しくて、もう一回迷いながら行って買ったというのが、恐らく、あの辺に足を踏み込んだ初めです。

山の手と下町

森　私は、あそこに生まれて五十五年。やっぱり山の手と下町とは全然違う。

内澤　もう私の世代じゃ、山の手、下町の感覚はたぶんないと思いますよ。新興住宅地の人ですから、感覚としては団地の人に近いですよね。

森 団地は、たぶん私にはわからないね。

内澤 生粋の東京っ子だからですよ。

森 私たちの頃までは、山の手、下町という二項対立があって、なんか言葉遣いから、人間に対するセンスが違うのよね。谷根千は、ちょうど下町と山の手のあわいで、両方あると思うんですね。例えば、谷中の人を下町と言うとお寺の人なんか……。

内澤 嫌がりそうですね。

森 面白い話があるんだけど。邸町の上野桜木町で「泥棒だ」と言うと、みんなピシャッと戸を閉めちゃう。谷中のほうでは、「泥棒だ」と言うと、みんな戸を開けて「なんだ、なんだ」と出てくる、と。これほど違うというか。プライバシーを守って、自分たちはできるだけ関わりたくないという人たちと、他人に興味を持つおせっかいな人々と……私は下町の方が好きだわね。

内澤 サトちゃんは、そういう「山の手・下町」みたいなのはある？

川原 感じなかったですね。でも実際の高低で覚えているのは、台風のとき、不忍通り沿いの低地が少し浸水して、どこまで水が来たか学校で調査していました。高台に住んでいる友達の所は何ともなかったけど。

内澤 私は、東京は住むところではなく行くものだという感覚なんですよね。だから、そこに住んじゃうのはすごく戸惑いがありました。

森 私なんか逆に、横浜や鎌倉は行くところですよ。憧れもあるけどね。

内澤 いまでも、実家に帰ると全く音がしないんですよ。

川原 いいですね。谷根千は通り沿いなら必ず車の音がしますよね。

森　うちの父は、世田谷の東松原で暮らしていたのに、母と結婚して、次男でもあるし、母の住んでいた動坂に来たから、当座は寝られなかったようですね。

川原　内澤さんのお家は西日暮里の、銭湯の近くでしたね。一度、イスラムのモザイクタイルの本を見せていただいたことがありました。

森　随分昔だねえ、あれは。

川原　うちは、「山の手・下町」を通り越して、子育ては「放牧」されてました（笑）。

森　習い事なんか、タダのものしかやったことないよね（笑）。

川原　区でやっている理科の実験教室とか、水泳教室とか。母が忙しくて家にいないので、夜十時に弟二人を連れて帰ってくるんですけど、帰ってくると鍵がない。それで、上の弟を玄関のところに待たせて、下の弟と一緒に「お母さんを探しに行こう」と言って、町をフラフラして（笑）。

森　なんか捨てネコを連れてきたりね……。

町の中で育てあう

内澤　森さんが谷根千をやっていらしたことで、サトちゃんは町のいろいろな人に育てられた人という印象があるよね。

川原　そうですね。いつも友達や近所の家でおやつや夕食を食べさせてもらっていました。

森　でも、逆にうちにも、よくわからない人がいろいろ来ていたよね。理子の友達で、お母さんは夜の商売に出かけちゃって、寝巻きで町をフラフラ歩いている子がいて、うちに来て、お風呂入って、ごはん食べていきなよとか。

内澤　森さんは、地元というか、業界外にもいっぱい友達がいる人というイメージがある。この業界の人は、あまり業界外に友達がいないですよね。いいなあ。

森　でも内澤さんは「不忍ブックストリート」の女王さまじゃない。もてでもてで。

内澤　いえいえ。古本つながりの人たちはもともと地元の人が少ないような気がします。この辺が好きで新しく来たニューカマーなんだと思うんですね。さらに、下の世代の、いまサトちゃんが実行委員をやっている秋の芸工展の人たちはどうなの？

川原　親の代から住んでいるという人と半々ぐらい。よそで活動して、町に戻ってきたという人もいます。

森　ある程度身体性というか、食べたり飲んだり、お互いのこどもを抱いたり。そういうのがないと、それ以上踏み込んだ関係になりにくいかもね。

内澤　地元育ちの人とは飲み屋で知り合うぐらいですね。

森　でも、飲み屋のコミュニティというのもあるよね。飲み屋を梯子する人もいて、そのあいだも散歩でしょう？

内澤　夜の散歩ですよね。

森　善光寺坂の「桃と蓮」で飲んでたら、これから根津の「たまゆら」へ行くっていう。

内澤　こんなに飲み屋がいっぱいある……。

森　私の本の編集者は「谷根千の近くで飲みたい」とみんな言うのね。それだと私は解放されないからイヤだと言ってたんだけど、いまは面倒くさいから、「ああ、いらっしゃい、いらっしゃい」みたいになってきて、根津とか白山ですね。

そうしたら、なぜか編集の人たちはみん

な近くに越してきちゃったのよ。私が保育園まで紹介した人もいる。いま自転車で会社から帰るとこなんですけど飲みますかあ、なんて突然来るのね。

内澤　散歩をしていてお店を見つけて、夜に行こうというのはありますよね。あと、ランチで食べておいて、夜に行こうとか。

森　都心のビル街はつまらないでしょう？　確かに景観はきれいだけど、どこまでも同じビルのところを歩いても。

川原　道がくねっていたり、小さな建物がたくさんあるような町のほうが好きなんですよね。大きなビルの街衢は、歩いていると疲れますね。こんなに歩いたのに、全然進んでいない気がして。

内澤　区画が大きいからね。私は表参道、青山が好きでしたけど、ヒルズができてから全然行っていない。

森　私も高校ぐらいの頃は好きで、あの並木道とか、同潤会アパートとか、ドンクのパンとか。一人で神宮外苑に結構行っていたけど、全く行かなくなっちゃったね。

東半分のあたたかさ

森　このあいだ、永六輔さんのお寺で寄席があるというので新御徒町かな、あの辺で友達と待ち合わせたの。角のチェーンの喫茶店に入ったら、来ている人たちがほんとに下町なのよね。「ああ、この人たちは好きだな」と、つい思っちゃったのね。

内澤　御徒町駅前のスターバックスはすごいですよ、かなりきてますよ（笑）。

川原　下町の人種ですか？

内澤　うん。新聞紙を毛布代わりにして、寝ていますよ。サラリーマンが。

森　ほんとにご隠居さんとか、お店のご主人とか、八百屋のオバチャンとか、そういう感じの人がちょっと息抜きに来ていて。クリーム色のセーターを着て、素敵なマフラーを巻いて、小粋な感じの。「ああ、こういう感じの人は好きだな」というような人が多くいて、待ち合わせをするだけでも楽しかったのね。寄席もすごく楽しくて、「おお、下町の人たちだな～」って。ペチャクチャおしゃべりをしていて、始まるとみんな拍手喝采で。「こういうところで生きて、死んでいきたいな」と思って涙ぐんだのね。そういうのは、マリオン寄席に行ってもあまり味わえない。

内澤　オペラシティとか行っても、帰りはどうしようもなくて、悄然として帰ってくる感じですよね。

森　だいたい、オペラシティそのものがスケールアウトしていて、全然……。椅子に座るまでにものすごく歩かないといけないし（笑）。

内澤　つくられた空間を歩かなきゃいけなくて……。

森　あれは苦痛ですよね。だから、もう行かなくていいんじゃないの？　三宅坂の国立劇場なんかも、はねても永田町だの半蔵門の駅までの間に入りたい店がないでしょう。

内澤　私は最近、映画も上野で観ています。楽ですよ、上野のあそこで観ると。

森　日比谷までだね、許せるのは（笑）。

理子が小さいときに、宮崎駿のアニメがすごい人気で混んでいるという話を聞いたので、事前に浅草の映画館に電話して「どのぐらい前に行けば座れますか」と聞いたら、「いつでも座れるよ。ガチャン！」。で、行ったら、私たち親子しかいなかった

（笑）。
川原　「魔女の宅急便」、バスで行ったよね。

銭湯大好き

森　あと、銭湯なんかは入らない？
内澤　最近は入りませんけど、昔はよく入っていました。熱いですよね。
森　熱い。蛇骨湯も入ったし、観音温泉も入ったし、黒湯も十二荘温泉も入っているし。特に温泉はたいてい入っていますね。
内澤　日本堤の廿世紀温泉は？
森　あそこは行かないうちに閉まっちゃったのね。あの近くに天丼が美味い店があるでしょう？
内澤　また食べ物の話。銭湯じゃないんですか？
森　アハハハ。
内澤　サトちゃんは銭湯にはいっぱい行っていたでしょう？　だって、銭湯帰りにしか会わないじゃん、私たち。
川原　そうでしたね。夜の十二時頃、初音湯か世界湯の帰り。
内澤　道端で会うと、いつも銭湯帰りで。どこのイスラム教徒のお嬢さんかと思うような、タオルで頭巻いていて（笑）。
森　理子は風呂なしアパートに住んでいたからね。
内澤　私はチャリで、「これから満月見に行くんだ〜」とか言って……。ずっと月見に凝っていて、不忍池に満月が映るのが見たくて。そういえば年末に森さんに団子坂で会いましたよね。男の人たち引き連れてたでしょ。
森　あれは、最近一番仲のいい友人たちで「にしきや」に行った。これまた安い店なのよ。二千円で飲めるような、焼き鳥と煮込みの店ってのがうれしいね。

お気に入り喫茶店

内澤　私は歩くよりも、どっかり座って……。店内で人を観察するとか。

森　人を観察する楽しみもあるよね。

内澤　いまはない千駄木ドトール、あそこの二階が大好きだったんです。二階の窓からずっと下を、みちの反対側のブティックの店長さんを眺めるとか（笑）。あの人、きっとすごくモテるんですよ。お店に来る女性のお客さんはみんな彼目当てだとわかる。「ほ〜う」と思って見ているわけです（笑）。

森　私も一時、ドトールには結構行きましたよ。子供を保育園に通わせていた頃。

内澤　十時ぐらいは、お子さんから解放されたお母さんたちがいっぱい来ますよね。

森　町もどんどん変わるから、ああいうドトールみたいなチェーン店が出てくるのは、私は警戒していたんだけどね。マクドナルドとかケンタッキーとか。

内澤　でも、コーヒーの安さには負けるでしょう。私も、ときどきは千駄木倶楽部に行くようにしています。高いコーヒーを飲むように……。

森　高いコーヒーはうまいんだ。価格破壊に対抗していい店を買い支えないとね。私、スタバというのは抵抗感があって行かず嫌いだったけど。最近は行くわね。

内澤　御徒町のスタバは大丈夫ですよ。すごい敷居が低いと思います。

森　世界中にあって、どこに行っても作りと値段が同じなのよね。韓国に行っても、フィリピンに行っても。

内澤　私は純喫茶がすごく好きなんですよ。

森　私も好き。昭和三十年代、四十年代型の喫茶店を見つけると……あっ、二人でそれやらない？

内澤　純喫茶巡りですか、いまさら？

森　懐かしいね。三十年代型喫茶店みたいなの、もうほとんどないね。私なんか、最初にデートしたのは、新宿のスカラ座という名曲喫茶だったんだけど、あれもなくなっちゃったしね。お茶の水にも、クラシックをきかせる名曲喫茶があったのよ、「白鳥」とか「モーツァルト」。

内澤　神保町にあった、おじいさんとおばあさんがやっていて、いま大きい会社のビルに入った「きゃんどる」、は行きました？

森　あの辺では、「さぼうる」はよく行ったけど……。「ラドリオ」も行っていた。

内澤　あと、中野の「クラシック」は、学生時代によく行っていました。

川原　私も一回行ったことがあります。

森　吉祥寺に「バロック」があって、松濤にまだ一つ残っているよね。

川原　渋谷のラブホテル街にある「ライオン」ね。好きです。でも、おしゃべりはできないですね。

内澤　そうそう、「ライオン」はちょっと打ち合わせは難しいですよね。

中野の「クラシック」は、食べ物の持ち込みがOKだったんです。アーケード街のブロードウェイに行く途中なので、お惣菜を買って入る。たしかコーヒーが百円ぐらいで、そのあと値上げしましたけど、ミルクが歯磨き粉のチューブの蓋に入ってくるんですよ。

森　え～っ？

内澤　それで、お冷やはワンカップ大関の

カップでした。

川原　建物も、すごい傾きそうな感じでしたよね。

中央線という文化

内澤　大学は渋谷でしたけど、中野に男友達がいて。

森　港、港にじゃなくて、駅毎に……男がいて(笑)。

私には、中央線文化というのが欠落しているね。だから、西のほうに行けないんですよ。坪内祐三さんとかその仲間の古本屋さんとよく飲んでたころは、よく行ったわ。昔、丸山眞男が行っていた店とか金子光晴に会えた店とかあるんだけど。でも、なんで中央線はあんなに人気があるの？

内澤　たぶん、田舎から来た人にはすごく敷居が低いんだと思います。

森　関川夏央さんなんかは常連のいる店には絶対行かないそうです。彼はファミレスで長い時間おかわり自由のコーヒーを飲みながら、粘って書くのが好きなんだって。そういう、地方から来た人の東京論みたいなのを読みたいから、ぜひ書いてと頼んでいたんですよ。

内澤　何をやっても許されるというか、受け入れてもらえる。何かを志して来た若者には、高円寺は麻薬みたいな場所だと思いますね(笑)。

川原　小さな劇場も、結構ありますよね。友人が芝居をやっていたので、ときどき観に行きました。

内澤　なんかこう、フリーターに毛が生えたぐらいのまんまで、五十、六十になっても大丈夫な町みたいな感じがする。

森　いい言葉ですね。だって、私たちも基

本的にはフリーターじゃないですか。

川原　優しいのかな。

森　でも、谷根千だって、そんなにがんばらなくても生きていかせてくれない？

川原　地元のおじいさん、おばあさんに叱られそうなところはあるよね(笑)。

内澤　そうそう。きっちりとした地域社会が根づいているから、ちゃんと見られていそうな気がします。

入りやすい店

森　それで思い出したんだけど、意地悪そうな女の店主の店はいきたくないね。

内澤　アッハッハ、それは飲み屋？

森　うん。姉妹でやっているとか、おばちゃん二人でやっているような店は、必ず来た女をじろっと値踏みするよね。

内澤　女は、女の仕切りが恐いですね。

森　夫婦でやっているところのほうが気楽でいいわね。

浅草で問題だと思うのは、店主が「自分は江戸っ子」風を吹かす店があるのよね。そういうのはイヤですよ。有名な店にかぎって常連さんばかり大事にして、一見の人とか、地方から来る人に対して冷たいとか……。今に見ておれ。

内澤　浅草は観光地だから、結構おのぼりさんが多いですよね。谷根千は夜になっちゃうと、地元の人が地元の店に行くというイメージが、はじめは強かったですね。

森　蛇の目寿司なんて、知ってる？

内澤　聞きました、美味しいんでしょう？　連れていってくださいよ。

森　何事にも先達はあらまほしきものなり。長年、名前は聞いていたけど、やっと常連の人に連れて行ってもらった。ここ二、三年じゃないかしら。でも、行けば、気さくで、安くて美味しい店ですよ。でももうこれ以上広めたくないなあ。
内澤　そういわないで（笑）。
森　やっぱり、付け台でお寿司を食べるのに、さまになる年齢とかあるよね。ベビーカーをカウンターにつけて寿司食べてる若夫婦なんかいるものね。赤ん坊を泣かせておいて。
内澤　私、お米屋さんに配達してもらうことすら、まだできないんですよ。未だに出前も頼めないです。
森　昔は商売が忙しいから、出前を取るのがほんとに普通のことだったのね。「寒いから鍋焼きでも取るか」とか、夜になって、「疲れたから、寿司取ろうよ」とか。
　まあ、このへんの人は高度成長を生き抜いちゃって余裕があったりするから、のんびりやっているかなと。それも東京の東半分のいいところだと思うけどね。盛り場のチェーン店とかは「宴会は二時間でお願いします」と言って、一時間半ぐらい経つと「ラストオーダーです」。ああいうのが大嫌いなのよ。そういうことがあり得ないから、東のほうはいいですね。
　下駄で歩くのも好きだけど、いまの東京の細い道を下駄で歩くと、結構足に響き過ぎちゃってダメなんですよね。
　路線バスも好き。知らないところ行きのバスに乗って行って、「ああ、こんなところか」と思って、また帰ってきたりします。
内澤　地下鉄に乗っていると渋谷と六本木の空間がわからないけれど、路線バスだとよくわかるのが、田舎者にとっては手っ取り早い。新橋・渋谷間も楽しいですよね。
森　私は、居酒屋、銭湯、マッサージ（笑）。

川原　それぱっかり。私は古本屋さんや本屋さんへ行きますね。夜遅くまで開いているから。

森　春日の一本裏のところが夜中遅くまでやっていて……。

川原　千駄木の古書ほうろうさんも十一時まで。

店はなくなり、地形は残る

内澤　話はつきませんが。この本では原稿を読ませていただいてから、イラストを描きに後を追うんですけど、森さんの中では歴史の地図が立体的に何層にもなっているんだと思うんですよ。それを自在に引き出して文章にしている。うらやましいと思いますね。

森　旅をしていても、歌枕であるというか、歴史にまつわる人間の物語があると、そこの景色が別の意味を帯びて見えてくると思うんですよ。歩きました、おいしい店に入りましたというのもいいんですが。もうちょっとこう陰影のある歩き方をしたい。

内澤　実際に行ってみて、一番当時を偲べるなと思えた景色は、お茶の水あたりですね。谷というか渓谷は？

森　そう、あそこは変わらないですからね、でも確か台地を切ったんですよね、つながっていた筈なのに。

内澤　あの、地形はやっぱり独特ですよね。

森　イラストと地図が入りますが、地図を描いての苦労話はありましたか。

川原　お店を見つけるのが大変でした。調べてから行くのだけど、昔の住所で、いまはなかったり、引っ越しちゃったり。一度行って描いてみて、それが間違っていないか夜中に確かめにいったり。

でも、おもしろかったのは、地図を見ていると、風景は昔と違うでしょうが、道や地形は変わっていない。地名が残っていたり、神社やお寺もそのまま。

内澤　大変な仕事よね。私も一回やってみて、「ちょっと無理」と思ったもの。方向音痴だから。

森　地図を見て歩いてみると「こんな店ないじゃん」って思うけれど。机の上で書くと間違いもでるよね。時間がたつと店も変わるしね。いまは、新しくできた店が一年で九割なくなるんだそうです。

内澤　へえ〜。

森　この本でも、いまはないお店があるかもしれませんね。「いまはない」と削っていったら、そのときにあったというリアルが消えてしまうので。この時点で歩いたときの姿をとどめるということに。江戸の頃、参勤交代で江戸に出てきた武士なんかのために「買物独案内」なんてガイドが出ているんですよね。うちの七代前の先祖も伊達藩の微禄の武士で、お殿様のお供で江戸見物をしていたときの日記が残っているんですが。そんなガイドとして使っていただけたら嬉しいです。

（2010.1.5）

本書は「ＷＥｂちくま」に「てくてく歴史散歩」として二〇〇七年七月から二〇〇九年一月まで連載された文庫オリジナルです。街は変化しますが、取材当時の姿を留めました。

ちくま文庫

東京《とうきょう》ひがし案内《あんない》

二〇一〇年四月十日　第一刷発行
二〇一二年四月十五日　第四刷発行

著　者　森まゆみ（もり・まゆみ）

発行者　熊沢敏之
発行所　株式会社　筑摩書房
東京都台東区蔵前二―五―三　〒一一一―八七五五
振替〇〇一六〇―八―四一二三
装幀者　安野光雅
印刷所　三松堂印刷株式会社
製本所　三松堂印刷株式会社
乱丁・落丁本の場合は、左記宛にご送付下さい。
送料小社負担でお取り替えいたします。
ご注文・お問い合わせも左記へお願いします。
筑摩書房サービスセンター
埼玉県さいたま市北区櫛引町二―六〇四　〒三三一―八五〇七
電話番号　〇四八―六五一―〇〇五三

ISBN978-4-480-42700-7 C0195